神道〈いのち〉を伝える

葉室頼昭

春秋社

はしがき

以前に、人間のいのちは地球より重いと言った総理大臣がいました。誰でも人間のいのちは大切だと思っておりますが、それではいのちとはいったい何であるかと聞いてみると、それに答えられる人は一人もおりません。

いのちとは、その日本語の言葉の通り、生きるための知恵のことです。これは宇宙開闢以来の神の知恵、そして祖先のいろいろな経験からの知恵のことで、これによって我々は生かされています。

戦後、日本にアメリカの理屈の教育が入ってきたため、この知恵と知識というものを混同し、知識があれば知恵が現れてくると考える人が多くなり、学校でも知識を主体にした教育が行われていますが、この知識と知恵というものとはまったく別のものです。

自動車はガソリンで走りますが、そのガソリンのエネルギーだけでは車を走らせることができません。人が乗って、正しい運転をすることによって安全に走るのと同じことで、人間もまたエネルギーだけでは生きられません。神や祖先からの正しい知恵の導きがなければ、生きられないのです。

戦後の日本は、すべてのことを理屈で考えるようになったため、いのちが失われ、その結果、現在のような乱れた国になってしまいました。このままでは日本の国のいのちそのものが消えてしまう、何とか一日も早く祖先が伝えてきた日本人のこころ、日本人のいのちに目覚めなければ大変なことになると真剣に思い、この本を書きました。この本が少しでも日本人のいのちの目覚めに役立てばありがたいと思います。

この私の想いにご賛同をいただき、ご配慮をたまわりました春秋社の神田明社長、また編集に関しましてご尽力をいただきました編集部の佐藤清靖氏はじめ、関係各位には心より御礼申しあげます。

平成十二年九月

葉室頼昭

神道〈いのち〉を伝える

目　次

第五章　〈歴史〉をたもつ……179

神道〈いのち〉を伝える

第一章　〈いのち〉を伝える

いのちとは

――宮司はよく、いのちを伝えることの大切さということをおっしゃいますが、最初に、いのちとは何かというところからお願いいたします。

いまいろいろなところでいのちが大切だと言われていますし、ずいぶん前になりますが、ある総理大臣が、人間のいのちというのは地球より重いと、そう言ったということですね。もちろん、そういうこと自体は結構なことですが、では、いのちというのはいったい何かということになると、これがわかったようでわからないんですね。

このあいだもある講演の会場でそういう話が出たから、その会場の人に、それでは、いのちというのはいったい何ですかと聞いたら、それは魂ですとか霊魂ですと言うから、それでは、魂というのは何ですか、霊魂というのは何ですかと聞いたら、全然、困ってしまって、それ以上答えられない、というようなことがありました。

つまり、そういうのはいのちの説明ではなくて、いのちをただ霊魂とか魂と言い換えただけのことで、いのちそのものはわからない。考えてみると、いのちが大切だと言いながら、いのちというのが何なのかほとんどの人が知らないのではないかと思います。

なぜなのか。いつも話しているんですが、いのちというのを「生命」と漢字で書くから、いったい何のことかわからなくなるのだと思います。漢字は中国の字であって、日本語というのは漢字ではなくて仮名の方だから、という話をいつもするんですが、この日本語というのは世界にある多くの言葉のなかでも珍しい言葉なんですね。

外国の言葉は、たとえば英語ならアルファベットというものがあって、アルファベットABCD一つひとつには基本的に意味はないので、それを何個かくっつけて単語というものを作ってしゃべっていますが、日本語というのは、「あ」「い」「う」「え」「お」の一言一言に意味があるという世界でも特殊な言葉です。ですから、この「いのち」という言葉の「い」というのは生きることで、「ち」というのは知恵ですから、「生きるための知恵」というのが「いのち」という言葉の本質だといつも言っています。

どんな生物でも、この生きるための知恵で生きているというか、生かされているんですが、しかし生物によってみんないのちが違うんですね。虫だろうと、ばい菌だろうと、花だろうと、みんなそれぞれのいのちで生きて、それぞれの知恵で生かされているんだけれども、このことがわかっているようで、ほとんどわかっていないのではないかと思います。

いのちによって生かされ、そしてそれを次の世代に伝えていくということが、生物のいのちを伝える姿なんです。こんなことを言うと、「知恵で生きられますか」とかなんとか言う人がいるんですが、いまの人は知恵でなく知識で生きている人がほとんどで、知識がどんなにあっても知恵がなければ生きられないということがわかっていないのです。大切なのはいかにしてこの知恵を伝えるかということなんですね。

我々は食べたものを糖に換えて、それを酸素で燃やしてエネルギーとして生きています。しかしそのエネルギーだけでは、我々は生きることができません。自動車はガソリンで動きますけれど、ガソリンを燃やしただけでは自動車は動きません。その上に人間が乗って安全に運転してはじめて車は動くのであって、人間が乗らないでガソリンを燃やしたら、暴走してどこかにぶつかって大破するだけです。だから、人間の体も、エネルギーだけでは生きていけないのです。そこにはエネルギーだけでなくて、人間の運転のように我々の体を正しく導いてくれる知恵というものが必要なんです。

細胞核の遺伝子の中に、神さまの知恵と、祖先の経験の知恵が入っていることは何度もお話をしていますが、この知恵を引き出すためには、正しい働きかけが必要なのです。その働きかけによって、知恵が導き出され、我々の細胞が正しく働き、そして本当に生きることができる。そうでなければ、正しく生きているとは言えないのです。この知恵を新陳代謝によって新しい細胞に伝えて、生物がいのちを伝える。子供を産むのも、次から次へと親のいのちを子供に伝えているんだと、そういうことなんですね。ここが肝心なところなんです。これをしっかりといわないと、何でいのちが知恵なのかという意味を分かってもらえないと思うんです。知恵なんかなくても生きられるじゃないか。ご飯を食べたら生きられるじゃないかという発想になってしまう。いくらご飯を食べて酸素を燃やしたって、遺伝子からの知恵がなければ我々の体は生きられないのです。

それぞれに違ういのち

――宮司はいつも、祖先の経験の積み重ねによって得られた知恵ということをおっしゃっていますね。

ええ。この百五十億年昔からの神さまの知恵と、約三十八億年の昔に祖先が地球上に誕生してから現在まで経験してきたいろいろな知恵です。この遺伝子から来る知恵というものがなければ、細胞が働かず、我々は生きられない。だから、いのちというのは知恵だと言っているのです。

そして、生物というのはみんな生き方が違うんだから、それぞれによって知恵というもの、いのちというものは違うんです。つまり人間も当然いろいろな民族によって全部いのちが違いますと、そういう話をしているんですが、いまの人は、人間のいのちと言ったら、どこの民族のいのちも同じだと思っています。日本人のいのち、アメリカ人のいのち、中国人のいのち、英国人のいのち、フランス人のいのち、民族によってみんな歴史が違うから、それぞれの民族によって全部いのちが違います。これを話しているんですが、なかなかわかってもらえない。

千二百年の眠りから覚めた御神宝・毛抜形太刀（表と裏）（撮影・桑原英文）

日本人というのは、当り前のことですが、日本人のいのち、日本人の祖先の知恵で体が働いて生きているのに、戦後アメリカ人のいのちを持ってきて生きようとしたから、体がおかしくなってしまった。そのために、現在のような日本人になってしまったんです。それがわからないんですね。いまはもう戦後五十年以上もたっているんだから、いま目覚めてもらって、日本人の本来のいのちで生きる。当たり前のことなんですが、それをやらなければいけないんです。

戦後は外国から食料がたくさん輸入されて、前よりは栄養がよくなって、子供たちの体格は大きくなり背も高くなったというんだけれども、昔の人に比べるといまの若者というのは非常に体力がない、忍耐力がない。それはなぜかということでいまさかんに議論されていますが、その根本原因は、日本人のいのちが伝わっていないということにあると私は考えています。

アメリカ人のいのちを持ってきてしまったから、体は大きくなったんだけれども、まったく気力、忍耐力のない、弱い日本人になってしまった。すべて栄養とかカロリーということでいのちを考えたから、間違ってしまったと思うんです。そういうことではなくて、日本人のいのちで子供を育てなければいけない。そういうことを日本人自身が忘れてしまった結果、現在のようになってしまったんじゃないでしょうか。

では、日本人のいのちとはいったい何かと言うと、これは、日本の歴史、日本人の生き方を見てもらえばわかることです。戦後、進駐軍の政策で日本の過去の歴史、伝統はすべて悪いものだ、非科学的なものだ、間違っていると言って否定しました。そして子供たちに伝えなくなってしまった。そのために、日本人でありながら日本人のいのちというものが全然伝わっていないのです。このままでいけば、日本人が滅亡する危険が非常に大きい。そこでいつも私は、原点に返って「日本人のこころに目覚めよ」ということを言っているわけです。

日本人はどうしてできたか

少し話がそれましたが、この日本の歴史について、日本人がいつごろからできたのか。これは世界でもめずらしい謎の民族です。

今から三万年か四万年の昔は、地球は非常に寒かったそうです。そして海の水位が今よりも百メートル以上低かった。そのために日本列島も南方のいろいろな島々も、大陸と全部くっついていたという。もともと人間は、暖かい気候の土地、今の熱帯地方に住んでいたようですが、恐らく人口の増加とともに、南方からしだいに北上して、そして陸続きである日本列島にも、いろいろな南方からの民族が住み着いたと思います。ところが、約二万年くらい前に、気候が暖かくなってきて、北極や南極の氷が溶けはじめ、それで海の水が上昇し、今の高さにまでなってきた。そのために日本列島というのは、大陸と離れた島国となってしまったわけです。そのおかげで、南方から出てきて日本列島に住み着いた人たちが大陸と離れてしまったわけでしょう。その頃は大きな船もないから、大陸とは別個の生活になって、日本列島の中だけで生活するということになってしまったわけです。

そして日本列島の中で、その南方から渡ってきたいろいろな民族が混ざり合って、いわゆる縄文人というものができてきたと思うんです。約一万年も住んでいるうちに混ざり合ったわけです。しかも、大陸とは離れて、日本列島の中だけで生活していたものだから、他の世界とは違う日本独自の、日本人の生き方の民族になってきたと思うのです。南米にあるガラパゴス諸島。あそこだけ取り残されて昔の生物がそのまま生き残ったということがありますね。それと同じ状態だったのです。その時、喧嘩をしないで、いろんな民族が混ざっていった。一般的に、他の民族は混ざりません。中国でもいろんな民族で国ができていますが、けっして混ざりませんね。ただ日本だけは狭い土地ということもあり、縄文時代の最初はバラバラで、いろんな民族がたくさんあったと思うんですが、だんだんと混ざっていったわけです。

そしてどうやって混ざったかというと、一つは縄文土器を作ったということですね。日本の国は狭いので、他の外国のように食料が不足したら他のところに移動するという生活ができにくかったために、縄文土器を作り、食料を貯蔵して定住するということを世界ではじめて考えました。そして食料が不足した時には、これを食べるという生活をしましたが、それでも山や野原や、川の近くや海の近くに住む氏族は、それぞれの土地で取れるものは食べられますが、他の場所で取れるものは食べることができないので、お互いが争わずに食料を交換し合って、皆が平等にいろいろなものを食べることを考えました。

その一つとして、皆が信仰する神社を作り、各地方から運ばれてきたいろいろな食物をお供えし、お祭りの後で、平等にそれを分けて食べるということを考えました。これが現在でも神社で行われている、お祭りのあとの直会という行事です。

そうやっているうちにだんだんと混ざっていったと思います。これは世界でも稀な生き方です。そして、縄文時代から一万何千年かたって、こうして弥生人というものが生まれてきた。その頃に、大陸から渡来人が来たのです。どうやって来たのかと言うと、いわゆる航海術の進歩によって大海を容易に渡れるようになり、船で渡ってきた。どこへ来たのかというと、最初は九州とか山口とか、そのあたりに上がってきたと言われています。いわゆる渡来人が入ってきて、それがいろいろな文明を持ってやってきた。それが次第に近畿地方にやってきたのだけれども、それも戦いではなくて、弥生人と渡来人が混ざり合いながらだんだんと北上してきたのです。この喧嘩をしないで混ざったというところが、共生という生き方が生まれてきたゆえんだろうと思います。これは日本独特のことです。

世界のほかの民族は、混ざらないですね。アフリカのツチ族やフツ族の壮絶な民族闘争、アゼルバイジャンやら、セルビア人とクロアチア人との民族同士の、果てしない殺し合いがよく報道されています。同じところに住んでいても、決して一つにならないでしょう。憎しみ合い、殺し合いを続けております。でも日本人はそんなことをしないで混ざってしまった。それが共生という本当の生き方を培ったのです。共生というと、日本人は何か観念的に、ただ一緒に生きていると考えるのですが、そうではなくて、じつは二万年近くのあいだ、とてつもない努力を重ねて現実に混ざり合いをやってきたわけです。そのおかげで今の私たちがあるのです。

共生と日本人のいのち

——なるほど、そういうことですか。

その共生の知恵が、私たちの遺伝子の中に組み込まれているんですね。この日本人というのは単一民族ではないとよく言われるのだけれども、もちろん単一民族ではありません。アメリカ以上に、いろいろな民族が入り込んだ国でしょう。ところが、それが一つになった。アメリカというのは合衆国だけど一つになっていない。いまだに白人の社会、黒人の社会と、みんな違う。混ざっていませんね。中国系、日系、インド系などということは、日本にはないでしょう。それが日本独自の生き方、日本文化ができてきたゆえんです。この素晴らしい民族がどうしてできたのかというと、気候が温暖で山に木が多く、水が豊富できれいである。しかも春夏秋冬の季節の移り変わりが非常にはっきりしている。こういうすごい環境で約二万年も住んできた結果、全てのものと共生するという日本人ができてきたということです。これは偶然ではなく、神さまは日本人という民族を造るために、わざわざそういうことをされたのだと私は信じています。

——共生というのが、日本人の特質だということですね。

その通りです。共生、共にすべてのものと争わないで生きようという姿です。もちろん自然とも共に生きてきた。自分の家をつくり、畑を作っても、必ずその周囲には自然を残して、自然と共に生きてきたという、世界でも稀なる生き方をしてきました。

どのようにして自然を残し、共生してきたかというと、そこに神さまを祀る。この森、この山は、神の森、神の山だから、決して人間は手をつけてはいけませんよということで自然を残し、自然と一緒に生きてきた。これが、すばらしい日本人のいのちの根源だと私は思うんですね。

一昨年、春日大社がユネスコの世界遺産に登録されましたが、これは建物だけでなく、この春日大社のなかに現在でも三十万坪の原生林が残っているということに、ユネスコの人たちが驚き、そして感銘を受けたからだと聞いています。これがアマゾンのような山奥ではなくて、奈良という都市に接して三十万坪もの原生林がいまもそのまま残っているということは、世界でも奇跡だということで、世界遺産になったわけです。

この原生林のなかにはいまでもお社があり、神さまをお祀りしています。そして、人間が手をつけなかった。そうやって残してきたということが、すばらしい日本人の知恵、いのちの現われだと思います。

春日の神さまは、皆さんご承知のとおり、奈良時代に御蓋山《みかさやま》という山の頂上に来られましたが、この御蓋山には神さまが祀られていて、今でも年に一度しか入りません。お祭りの日にしか入らない。だから御蓋山にはいまでも道がない。わざと道をつけないんですね。道をつければ人が入っていくからです。そういう配慮をして、奈良時代から山をそのままの姿で残してきました。日本人はこれを当り前のことのように思っていますが、山でも征服しようと考える外国人から見れば、奇跡に近いように見えるんですね。これが日本人のいのちの根源だと思います。

この、いのちをずっと伝えていくということが、日本人の人生観の特色です。ユネスコの世界遺産の考え方は、外国の建物は石でできている。昔は栄えたけれども、いまは廃虚になって破損している建物がたくさんあります。これを、何とかみんなの力で修理して保存しなければいけないということから、世界遺産の考えがでてきたわけです。

しかし、日本の建物は木である。しかも、春日大社でも、伊勢神宮と同じように二十年に一回お社を新しくしてしまう。たかだか二十年しかたっていないものは、おそらく遺産でも何でもないと思っていたんでしょう。でも、その人たちが登録の検討会議が日本でおこなわれ、奈良に来たときに、みんなびっくりしたわけです。

二十年に一回新しく造り替えながら、そのいのちをそのまま現在も続けているということに驚いた。これほど長く、千何百年も続いているというのは日本しかない。数ある外国の国々は王さまが変わるたびに変わっていく。ところが、日本人は世の中がどんなになろうとも根底は続いているということに皆が驚いて、満場一致で世界遺産に登録されたのです。共生とともに、いのちを続けるということが、日本人のいのちの大きな特色の一つです。

もう一つは、日本人は昔から、人は自分の力で生きているのではなく、神さまのお恵みと祖先の恩によって生かされているんだという感謝の生活をしてきました。これがまた日本人のいのちの大きな特色です。外国の人は、ほとんど人間は自分で生きていると思っている。ところが、日本人は決して自分の力で生きているとは思っていない。生かされていると思ってきたんですね。戦後、日本人は変わったと言われながら、根底では生かされているということを感じている日本人はまだまだたくさんいる。そう私は信じています。これがまた世界に誇るべきすばらしいいのちだと思います。

外国の人たちのなかには、いまの荒廃した地球を救うには、日本人の考え方でなければダメだということに目覚めてきた人がたくさんいます。やはり外国人の考え方は対立なんですね。自然と人間というのは対立している。人間の力で自然を回復しようと考えるけれども、これでは自然というのは回復しない。日本人のように、自然と共に生きるという考え方でなければダメなんですね。

たとえば外国人は、ここに木を植えたら自然は回復するだろうとか、人為的にあれこれしたら自然は回復すると考えるけれども、日本人はいっさいそういうことはしなかったのであって、もともと自然と共に生きているから、どのようにしたら自然が喜ぶか、常に自然の立場に立ってやってきました。そうでなければ回復しないということに、最近になってやっと外国人が気付きはじめたのです。しかし、肝心の日本人がそれを捨ててしまい忘れ去ろうとしています。これは非常に恥ずかしい、悲しいことだと私は思うのです。

進化と順応ということ

――いのちを伝え、続けるということに関連して、宮司は進化ということについておっしゃっていますね。

約三十八億年前に地球上に生物が誕生し、進化した生物だけが生き残っておりますが、進化しなかった多くの生物は現在、地球上におりません。どういう生物が進化できなかったかと言うと、その時代で最も大きく、最も強い生物たちであり、それらは現在一匹も地球上に存在しません。なぜかと言うと、体が大きく強いと、どんな生物にも勝つことができる。自分の思う通りにエサをとることができる。そうなると一見非常に強くて生き残るようにみな考えますが、こうなった生物は、環境の変化に順応するということができなくなってしまうのです。自分の力でなんでもできると思った生物は、そのために今は全部滅亡して、現在は地球上にはおりません。

こうしたことは今、人間が行っていることとまったく同じで、人間は自分の力で生き、そして自然でも何でも自分の力で変えられると思っています。しかしこれは非常に危険な考え方で、こうした考えで進んでいくと、いずれ人類は滅亡すると思います。

多くの人々は、大きくかつ強いことはいいことだと思っています。国でも、大きな国が地球を支配し、また世界のいろいろな企業でも、大資本で大きな企業が生き残ると考えておりますが、私はその逆で、本当は小さくても順応力が強い企業や国だけが生き残ると思っています。

その点、日本の国は小さく、また日本人の体格も以前は小さかったために二万年の昔から気候の変化に順応して今まで続いてきたのですが、戦後は食糧が豊富で、若者の体格が大きくなり、しかも経済大国といわれる力を持ちはじめると、人々は日本の国が進化し発展したと考えますが、私は逆で、日本の国あるいは日本人は順応する力が弱くなり、退化しているのではないかと思っています。

では本当の進化・発展とはいったいどういうことなのかと言うと、いつもお話ししていますが、まず祖先の伝統を受け継ぎ、それを子孫に伝えていくという、いのちを伝えるということを行うということはもちろんです。それに加えて、順応するということが大きな力なんですね。自然の環境の変化に順応する。順応できなかった生物はみんな滅亡してしまうのです。

たとえばどういうことかというと、氷河期が来て地球が冷えているとき、「この寒さに負けるものか。がんばるぞ」といった生物は、いまは一匹も地球上におりません。順応するというのはそういうことではなくて、寒さに耐えるように自分の体を変えるということなのです。毛をフサフサ生やしたり、あるいは皮下に脂肪をたくさん蓄えて寒さに耐えられるように体を変えて、耐えた生物だけが生き残った。この順応性というのは非常に大切なもので、日本人というのは本来、この順応性が非常に強い民族なんです。

——なるほど。ところで進化についてはその始め、いのちのあるなしとかいろいろあると思いますが、そのへんのことについてはいかがですか。

地球上に三十八億年前、はじめて生物、いのちが誕生しますが、このいのちがどうやってできてきたのかということですね。これはなかなかむずかしい問題です。これをわかりやすく言えば、いちばん最初、地球上にできたのは遺伝子なんです。遺伝子ができてはじめて、それぞれにたんぱく質がくっついて、生物、生命というものができたわけです。

いまの研究の段階で分っていることで申しますと、この遺伝子というのはいわゆる核酸からできている。核酸というのは何からできるかというと、いろいろな塩基というものからできていて、その塩基がばらばらにあるときは生命というのは誕生しません。塩基がある定まった配列をしたときはじめて核酸ができ、遺伝子ができるわけです。ですから、すべて分子に秩序ができたときに生命が誕生するということなのです。

さらに、たんぱく質というのはアミノ酸からできますが、やはりアミノ酸の分子が秩序正しく並んだときはじめて、たんぱく質と遺伝子がくっついて生物ができるということがわかってきています。だから、秩序のないところには生命というものは誕生しないということなのです。

自然を含む世の中の全てのものは循環とバランスからできていますが、この秩序を保っていないと人間の生命力というのは出てきません。国も同じであって、秩序がない国というのは生命力は衰えてしまうんですね。日本はとくに戦後、外国から入ってきた自由とか、権利とか、そういうものをはき違えてしまって、自分勝手に生きるのがいいと考えている人がいますが、これをやると日本の国の生命力が衰えてしまいます。

もちろん我々の体も、新陳代謝というすばらしい秩序で毎日、生命が誕生しているわけでしょう。新陳代謝というのは、古い細胞が確実に新しい細胞に遺伝子を伝えて、新しい細胞がよみがえっていく。このすばらしい秩序を繰り返すことによっていのちというのは誕生しますが、これをやらない細胞がたとえばガン細胞です。ガン細胞というのはその秩序を無視して勝手に分裂するのです。

このあいだもある会合でガンの話が出てきたから、「じゃあ皆さん、ガンになったらなぜ死ぬんですか。知ってますか」と聞いたら、だれも答えられませんでした。ガンになったら死ぬと思っている。そうではなくて、ガンだったらどうして死ぬんですかと言ってもわからない。というのは、いわゆる秩序を無視するから、いのちがよみがえってこないんですね。それでガン細胞によって人間は死ぬんですと言ったんですが、これは秩序を無視したら生きていけないということでしょう。

とにかく、日本人というのは実にありがたいことに、すばらしい環境で生きてきました。春夏秋冬、自然と共に生きて、その四季の変化に順応し続けたため、素晴らしく順応能力が高い。そして自然のリズムで生きてきたというすばらしい民族です。だから、日本人というのは潜在的に、すばらしい生命力、順応力を持った民族なんだということを忘れないで欲しいと思います。

樹木の生き方をめぐって

この順応ということに関して、ここでひとつ樹木の話をしたいと思います。樹木というのはすばらしい順応性を持っています。その一例として有名なのはオーストラリアのユーカリの話です。ユーカリの林というのはどうしてできるのかということですが、ユーカリというのは山火事を待っている。山火事になると、全部ほかの木が焼けて死んでしまう。これを待っているんです。

どういうことかというと、ユーカリの実というのは殻が三百度だか五百度になっても耐えられるようにできています。山火事になって何百度という高温になったときに、はじめて殻が開いて実が出るようになっている。そのときには、ほかの植物は全部死んでいる。そこがチャンスなんです。そこで実が落ちるから、たちまちのうちにユーカリだけの林ができてしまう。そういうすごい能力を持っています。これはまさしく進化によって得られた順応能力でしょう。

また奥羽地方にブナばかりの林があります。どうしてブナができるかというと、そこは環境が厳しくてほかの木が育たない。ところがブナというのはものすごく順応性があるので、ブナだけの林になってしまったんです。そういうのは世界でも珍しいということで、世界遺産に登録されているくらいです。

ところで、生物は天からのエネルギーと地からのエネルギー、その両方からのパワーによって生かされています。このエネルギーを最大限に受けているのが樹木なんです。天から受け、そして根から受けている。先ほど日本人は日本人のいのちでしか生きることができないと言いましたが、まさに植物はそのとおりであって、自分がもともと生えた土地でなければ生きられない。そして、最高のエネルギーをその土地から受けるという特性を持っています。

たとえば、春日大社には春日杉というこの土地で生まれ育った木があります。ところで石川県には春日大社とご縁のある春日神社がいくつかありますが、その中の一社に奈良の春日杉を記念に植える機会があり、先日、私はそこへ行ってきました。しかし、石川県の北陸の杉はすぐ植えられますが、春日の杉は植えられない。なぜか。生きられないんです。どうしたかというと、こちらの春日の土をその神社の境内に持っていって全部掘り返して土を入れ替えたのです。そうしないと春日杉は生きられないということを聞いて、すごいものだなと思いました。やはり春日杉というのはこの春日の土地で一番、生命力を持つんですね。

また、平成十年の台風七号で神社の森の、たくさんの木が倒れたけれど、もとからこの境内にある木はほとんど倒れませんでした。それだけの生命力というのを持っているんですね。あとで植林した木はバタバタと倒れました。もともとここの土地に生えている木というのはすばらしい順応性を持っているんですね。

だから日本人というのはとくにそうだと思います。約二万年もこの日本列島に住み続けているから、この日本列島で生きられるように日本人の体はなっていると思うんです。そういうことを戦後、無視したこともいろいろな問題が起きてきている一因だと思うのです。

――それにしても日本列島というのは本当に樹木が多いですね。

ええ。もともと、どういう木が多かったかというと、やはり日本独特の、日本にしか生えない木が多かったんです。これは、植林をしていなかったし、日本人が自然と共に生きるという共生をやっていたからなんです。でも、時代がだんだんくだり、膨大な数の建物がつくられるようになると、ヒノキがいいとか、スギがいいとかと言って、そういうものばかりを植林するようになりました。しかし、そういう木は非常に弱い。植林した木というのは、何かあると倒れてしまう。これは本来の日本の樹木、日本人の生き方とは違うからなんですね。

――なるほど、もともとの木というのは大したものですね。スギの木でも、その生命が千年に及ぶものもあるということですね。

ええ、木というのはすごいんです。根を張って地下のエネルギーを十分に取り、しかも太陽の光、天の恵みをも受け取るというのは、木だけなんです。木によっては千年以上も生きるものもあります。だから、地から得るエネルギーには、すごい力が含まれていると思います。

そして、これもまたいつか話をしようと思っているのですが、木というのはものすごく水を循環させます。根から水を吸収して、しかもそれをどんどん葉っぱから発散する。このあいだも木の専門家の方が来ましたけれども、なぜ木というのはこれだけの多くの水を循環させるのか、これは不思議だと言っていました。

水を循環させる、そして光合成によって葉から酸素を出す。そして空気をきれいにしてくれる。そういうことを何回も繰り返しているうちに、生きるためのエネルギーとなる糖分が木のなかにできていくという不思議な仕組みがあります。はじめから糖分をつくろうとしているわけではないんです。水を循環させて、酸素をみんなにやって空気をきれいにして、ほかの生物を生かしている。そうすると、自分のなかに糖分ができてきて、自分が生きるという摩訶不思議な生き方をしているのが樹木だということです。

自然のテレパシーを聞く

これはまさに日本人の生き方で、日本人というのは自分のために生きることをしないで、祭りに見られるように、神さまにお悦びいただき、そして人を悦ばせるために生きる。そうすると自分が生きられるのです。日本人はこういう生き方をしてきました。これはまさに生物の本当に生きる道ではないか。これを逆にやって、自分の幸せのために生きようとすると失敗してしまうんですね。だから日本人の生き方というのはすばらしい。まさに木と同じなんですね。酸素をつくってほかを幸せにしている。そうすると、自分が生きることができる。これが本当の生物の生き方ではないかと思います。

今のは一例ですが、私が日本人をすばらしいと言うのは、何も自分が日本人だからうぬぼれて言っているのではなく、日本人というのは生物の本当の生き方をしているからです。すべての野生の生物は自分で生きているのではなくて、自然からの気というか、テレパシーというか、そういうものを受けて、それに順応して生きているわけです。自分で生きている生物は世の中に一匹もいない。自分で生きていると考えているのは人間だけなんですね（笑）。

ところが、日本人というのは自然と共に生きてきたから、生かされるということを当り前にやってきたから、自然のテレパシーを聞ける最高の民族なんです。自然のテレパシーを感じることのできる世界でもまれな民族だと私は信じています。

いまでもアマゾンの山奥とかアフリカの山奥に未開の民族がいます。その人たちも自然と共に生きている。そして自然の気というのを受けているんでしょうが、申しわけないけれども、そういう民族には文明というものがない。

ところが、日本人は気を知る能力を持ちながら、かつ文明を持っています。これは世界で日本だけなんです。すばらしい生き方をしているのだということを、日本人はもっと知ってほしいと思います。すばらしい能力なんですね。

たとえばどういうことかというと、神社を建てるとします。その時、ここが格好がいいから建てたとか、ここが便利だから建てたとかいうことは、いっさいしていないんです。いわゆる神がお鎮まりになられる清らかな土地や場所を知っていたんですね。そこに神社を建てたんです。春日大社ももちろんそうですが、この、春日の奥山というのは、もともとから神さまがおられる聖地なんですね。

この聖地とはどういうところかといいますと、人間が生きるのに最高の水が湧き出る場所でもあるんです。そういうところをちゃんと知っていて、そこに神社を建てているということは、当時の日本人が自然のテレパシーを聞き入れることができたからだと思うのです。

奈良に都ができたとき、ここ平城京には二十万人くらいの人がいたといわれていますが、その人たちはもちろん水がなければ生きていけないでしょう。しかもそれは、どんな水でもいいというのではなくて、人間の体にいちばんいい水でなければ健康に生きられないということを知っていた。そんなすばらしい水がどこから湧きでるのかというと、ここの春日の奥山から出るということを知っていたわけです。

現在でもそうです。いま春日大社から湧き出る水というのは、科学的に調べても最高の水だということです。また、春日大社の北に水谷川という川がありますが、それが最高の水だと言われてきました。今でも古来からの伝統に従って大きな祭りのときは、その水で我々の装束から何から全部清めています。しかし残念なことに、いまはもう周りに人家ができてしまい、生活廃水やら、いろいろなものが入ってしまって汚れてしまい、そのままでは飲めないけれども、しかし水そのものはいまでもすばらしいんです。やはり昔の人がそういう場所を知っていたということは、実にすばらしいことではないでしょうか。

——そうですね。

ところで阪神大震災のときに、大災害を起こした神戸の断層と奈良の断層とがつながっていることを知ったのですが、この断層というと、一般にいかにも地震が起きる悪い場所のように言うけれども、そうではなくて断層というのは地下のマグマのエネルギーが出てくる最高にいい場所なんです。その上にわざわざお社を建てている。

そこまではいいんですが、ところが、神戸はその断層の上を都会のコンクリートでふさいでしまったから、エネルギーが出るところがなくなって、とうとうああいう地震というかたちで現れてきた。それにくらべ、春日大社は原生林がそのままあって、コンクリートやアスファルトで塞いでいないから、常に地からのエネルギーがあふれ出ている。だから、地震がきても被害を被らなかったと私は思っています。

この地底のマグマというのはすばらしいエネルギーを持っています。このマグマが地中からふき出て、含まれる成分が水の中で固まったのが塩です。この塩がなければ生物は生きていけない。我々の体の体液もそうです。地上の生物はいまから約五億年前に、海からこの地上に上がってきて生活するようになったんだけれども、海水の成分をそのまま体のなかに持って上がってきています。我々の体の六〇パーセントは水なんですね。しかも塩水です。これによって我々は生かされているといえるわけです。

つまり、このマグマが噴出するということはすごいことであって、これによってはじめてこの地球上に生物が誕生したといわれています。火星とか木星とか金星とか、いろいろな惑星が地球と同時にできたけれども、どうしてあいうところに生物が誕生しなかったのか。その一つの要因として、マグマの噴出があげられています。地球は奇跡のような偶然の重なりによって地上に水ができ、そしてマグマが噴出したんです。そして生物が生まれてきたといわれています。

ですから、我々は天からの神さまの気をいただいて生かされているのは当然ですが、その天からの気だけではなくて、地からの気をも受けないと生きていけない。それを日本人は昔から神話で天《あま》つ神、国《くに》つ神として敬っていたというのは、すごい発想だと思います。両方のエネルギーがなければ生きられない。この発想というか真実を見抜いていた我々の祖先は本当にすごいと思うんです。

神さまは無のなかに

——天つ神、国つ神という二つの力が必要なのですね。

共生というものはバランスともいえるものですが、いのちを伝えるためにはなくてはならないもので、これを実践しているのが日本人のすばらしさだと思います。すべては共生ということからでているんですが、ここには周りのものが幸せにならないと自分も幸せになれないという考え方が含まれています。日本人というのは自然と一緒に共生していくんですけれども、神さまとも共生しているわけです。もちろん祖先とも共生している。

一例を申しますと、春日若宮おん祭では、細男《せいのお》というずいぶん昔から伝わる芸能の原点ともいうべき舞が奉納されます。この細男というのはすばらしいもので、もともとは戦いで死んだ敵の死者を弔う舞なんです。これも、敵の戦死者とも共生しようというすごい考えから来ているんですね。戦争した時、味方の戦没者を慰霊するというのはどこの国でもやります。ところが日本人は、味方よりもまず敵の戦死者を弔うということをやっていた。恐らくこれは日本人だけでしょう。そのときの舞が細男という舞です。残念ながら、いま現在、春日大社にしか残っていないんですが、日本古来のすばらしい舞です。といっても技巧的に優れているということではありません。

日本人の原点は、神を見る、神の美しさを見るということですが、細男のこんなシンプルな舞というのは世界のどこにもない。見ていると、ただ歩くだけです。ただ笛を吹く。しかも、メロディーではなく、ただ息を吹き出すだけの笛です。鼓でもただポンポンとたたく。何の技法もない。

いかにも簡単に見えて、だれでもいますぐにでもできるように見える舞や演奏だけれども、そこにすごさがあって、見た人はみんな感動します。シンプルの極限に神が現れるということがそのまま実感できる、これはまさにすごい舞なんです。これは日本で最高の、日本というより世界最高の舞ではないかと私は思うんですね。人間的な技巧が通じない。というか、それが一切ない。そのなにもないところですばらしさを表わすんですね。

よく参詣者に、神さまというのはどんな姿・形をしているんですかと聞かれますが、それは言葉では表現できない。しいていってみれば、いわゆる無なんですね。無であるんですが、そこに神を表現する。こんな、とても理屈では説明できないことを日本人は昔からやってきているわけです。いま理屈のうえではどうやってやるのかわからないけれども、細男のように昔の祖先は無のなかに神を現していたのです。

春日大社でも、伝統のお祭を奉仕する時、いわゆる古式に、古文書に書かれている通りにお祭りを行おうと努力しています。そうすると、本当に神さまは出ていらっしゃる。理屈ではない。そこにすばらしさがあるのです。

ここ春日大社には二十年に一度、式年造替《しきねんぞうたい》という制度があって、そのときにご本殿の神さまを仮のご殿にお移しし、また新しくご本殿が修理された時、神さまをご本殿にお移しする遷座祭《せんざさい》という儀式が行われますが、そこにもいろいろと不思議な作法があります。いまの我々は、なぜこんな作法をするのか意味がまったくわからない。左に回れとか、右に回れとか、こう持てとか、いろいろと古文書に書いてありますが、それを私は、一切理屈を言わないで古式どおりにやろうということで、平成七年に奉仕させていただきました。そうすると本当に神さまが出現されたんです。

ですから、昔の人の知恵のすばらしさというのは理屈ではないんですね。ここをこう回れというけれども、右から回っても左から回っても同じじゃないかと思いますね。しかし、左から回れと言われたら左から回る。そのとおりにやると神さまが出ていらっしゃる。だから、理屈ではないんですね。これが日本人のすばらしさですね。こうした理屈を超えた世界を知っていたということは、実にすばらしいことです。

これを知ってほしいんです。いまの人はあまりにも理屈でものを考えすぎるでしょう。神道の世界には理屈はない。これを知ってほしいと思うんですね。人間が理屈を言いだしたのはつい何百年か前の話です。ところが、宇宙は百五十億年昔からある。理屈のないはるか昔から宇宙は存在しているわけでしょう。本当のものに理屈はないんだということがわからないと、本当の幸せな人生というのはないと思うんですね。

陰徳を積む

――なるほど。そういうことと関連して、徳を積む、陰徳《いんとく》というのでしょうか、最近では忘れられていることといっていいかもしれませんが、宮司はそういうことの大切さについてもよくお話しになりますね。

ええ。生物のいのちが続くというのは、先ほども言ったように、進化、伝統を伝えるということと、順応すること、それと、待つということなんですね。いろいろな環境の厳しさが去っていくのを待つ。伝え、順応し、待つ。この三つで動物、生物のいのちは伝わっているんですが、人間はそれだけではない。人間は何のために地球上に生まれたのかというと、これには目的があるんですね。人間はほかの生物とはまったく違った目的で誕生したのだと思います。

それは、神の世界を見、それをこんなにすばらしい世界だということを表現するために、神さまは人間というものをつくられたのだと思います。ただ人間がすぐれ、動物が下等というのではありません。人間と動物は違うのだということです。そして知識というものは、その神の美を表現するための手段に過ぎないのです。さらに人間の場合、いのちを伝えるのに、ただ進化だけでは伝わらないのです。

そこに徳というものが必要なんですね。とくに日本人は、この徳を積まないといのちが子孫に伝わっていかないと思うんですね。しかも陰徳という徳ですね。だから陰徳を積んだ家だけがいま続いているのであって、陰徳を積まない家ではいのちというのは続いてはおりません。

――陰徳というのは言葉通りに、隠れた徳ですね。

ええ。たとえば自分のことで申しわけないんですが、私の家というのは昔から朝廷の神事をやっていた家なんです。鎌倉時代に承久の乱という大変な乱があったことをご存知でしょうか。日本始まって以来のもので、いままで天皇家を滅ぼそうなんて考えた人はいないんですが、北条氏が天皇家を滅ぼそうとしたのです。それに対し、後鳥羽上皇が武家の横暴を抑えようと思って戦いを計画されました。

葉室家の祖先はそれをお諫めするんです。いまの武力から考えて、天皇家には勝ち目がない。だから、してはいけないとさんざんお諫《いさ》めしたけれど、後鳥羽上皇はそれを聞き入れられなくて兵をおこされた。それが承久の乱なんですが、たちまちのうちに北条氏に負けてしまう。そして、北条氏は天皇家の首を斬ろうとしたわけです。

そのときに天皇家を守るために、首謀者は私です。天皇ではありません。私が首謀者です、ということで五人が捕まって、そのなかに二人、葉室家の祖先がいました。鎌倉まで連れて行かれるその途中の御殿場で首を斬られたんです。自分が首謀したんではなく、いさめたのに首を斬られたのです。

それはまことに残念無念のことだったでしょう。しかしそれがすごい陰徳になったと思うんですね。その陰徳が私のところまでずっと続いて、現在、私がこうやって春日大社の宮司をさせていただいているのだと思います。その逆をやって人を殺したのでは徳はない。

そういう家はつぶれてしまいます。

また、これも私の家の話で恐縮ですが、銀行員だった私の父親が下賀茂神社の宮司になったときというのは、戦後の疲弊した大変なときで、お賽銭もほとんど入ってこない時代でした。下賀茂神社にも伊勢神宮と同じように二十年に一回の遷宮《せんぐう》という制度があり、その遷宮にぶつかったんです。そして、どうしてもお金を集めなくてはいけないということで、日本全国を回って奉賛をお願いしてきたのだけれども、戦後の大変なときでほとんど集まらない。

神社のご本殿その他の建物は、国宝・重要文化財ですから、国から修理の予算をもらわなければやっていけないということで、大蔵省に直接談判に行ったんです。何回も折衝して、やっと許可をもらった。

国からもお金をもらえるということになって、自分たちが集めたお金と合わせて、これでやっとなんとかできるということで喜んで東京から帰ってきたんですが、その晩、親父は突然死んでしまったんです。その時、僕は本当に思いましたね。これだけのことをちゃんとやっているのに、なぜ親父が死ななければいけないのか。神さまはどうしてこの親父を守ってくださらなかったのか。本当にそう思いました。

ところが、私が春日に来たとき、これまた、春日のご遷宮であるご造替のど真ん中に来てしまったんですね。ご造替の一年前に就任して、一年間でお金を集めなければいけない。

この不景気のときに神社だけでは絶対にお金は集まらないとみんな考えていたのに、予算以上に集まるという奇跡的なことが起きた。こういうこともやはり親父の陰徳が働いていたんだと思うんです。ですから人のために努力だけして、何の結果も得ていないということが、すごい陰徳になるのだと思うんですね。

おふくろからも、小さいときから陰徳、陰徳と耳にたこができるぐらい聞かされてきました。たとえば友達のために一生懸命にやって、友達が何にも感謝してくれない。そこで文句を言うと、それでいいんだ。それが陰徳である。それが次に伝わっていくから、それでいい。むしろ感謝されないほうがいいと。

私は、それが今この歳になってようやくわかってきました。普通、人はこれだけ尽くしたら感謝してほしいと思いますね。ところがそうするともう陰徳ではなくなってしまうから、そういうことはいっさい求めてはいけない。人の喜ぶことだけしていればそれでいいのです。こういうことの積み重ねが陰徳になっていくのです。

こういうことを言うと悪いんですが、いわゆる天才という人がいて、若いころにものすごく成功して、人々からほめられるという人がいますね。ところが、そういう人の多くは非常に短命なんです。なぜかというと、これもある人が書いていましたが、そういう人はよその人からほめられるけれども、自分が他人をほめるとか、他人の幸せになることをほとんどしていない。陰徳の逆ですね。それで短命になってしまうという。僕はこれは本当のことだと思います。だから、天才というか、若いときに成功した人には、短命な人が多いようです。

そうではなくて、まず人を幸せにする。そうすれば、見返りがなくてもこれは必ず次の子供に伝わっていきます。これが動物と人間のいのちの伝わり方の最大の違いではないかと思うんですね。

布施と脳死とボランティア

——ところで宮司はよくこの陰徳と関連して、大きな努力と小さな結果とおっしゃっていますね。

ええ。大きな努力をして、小さな結果を望みなさい。逆をやって小さな努力で大きな結果をもらったら滅びる。こういうことなんですね。

——普通はみんな小さな努力で大きな結果を得ようとしていますね。

ええ。だから滅びてしまうんです。たとえば百万円をもうけるためには、Aという努力をすれば百万円もうかるんだったら、その何十倍も大きなBという努力をしなさい。そして百万円を得るようにしなさい。そうしたら陰徳で栄える。こういうことなんですね。ですから、Aという程度の努力で百万円もうけたのではダメなんです。その何十倍も努力をしなさい。そうすると、結果として百万円を得る。それは努力のわりには少ない。しかし、そうしたら徳を積んで続いていくんです。

この世の中というのは、栄えるというのではなくて、続くということが一番大切なんです。会社がどんなにもうかっても、つぶれてしまっては元も子もないでしょう。だから、いかにしたら続くかということを第一に考えるべきなんです。

——なるほど、栄えるのではなくて続くことだと。

ええ。それをやっているのが日本人であって、アメリカの会社の社長は利益が上がらないとクビになる。ところが日本の会社の社長は、利益を上げるというよりも、いかにしたら続くかということをやっている。それをやってきたのが日本の会社の社長なんですが、バブルでそれを忘れてしまって、もうけることばかりでやったものだから、企業はつぶれてしまっているんです。

ですから、外国は外国であって、日本人のいのちというのは続けるということなのだから、これをやらないと日本はつぶれてしまうと言っているんです。外国人のいのちと日本人のいのちというのは違うんです。これが戦後の人にはわからない。何でも外国一辺倒だから、アメリカが主体で、アメリカと違うと間違っているとか、非科学的だとか、こういう考えだから日本は衰えてしまったんです。

——いまの陰徳ということで申しますと、最近はボランティアの運動もさかんだと思いますが、そのへんと関連してくるようなことはございますか。

ありますね。若い人のなかにはボランティアでさかんに活動する人がいますが、これは非常に結構なことだと思います。無料でいろいろな困った人を助けよう。これは非常に結構なんですが、私から見ると、まだこれは外国人の考えるボランティアなんです。このなかには自分の力で、困った人たちを助けてあげようという考えが見えるんです。これは違います。

日本人というのはすべて自分で生きているのではなく、生かされているということが基本ですから、神さまのお導きでさせていただくという姿でなければいけません。そうすれば、日本人は日本人の本当のボランティアができると思うんです。

ところが、いわゆる外国人のまねをしたボランティアということで、困った人のところへ行って助けてあげようというのは、いかにもいいように見えます。しかし、それは外国人のことであって、日本人はこれではダメなんです。させてもらいますということが大事なんですね。そうでなければいけません。

――陰徳でなければいけない。

ええ。そういうことです。たとえば脳死で死んで臓器を提供する。これが布施かどうか。こういうことをよく書いていますね。本当にむずかしい問題で、死んで自分の臓器を提供する献体というのは、仏教でいえば布施と考える人がいるけれども、一方、布施ではないと言っている人もいます。

ただたんに臓器移植をやったらいいというのではなくて、あとはどうなるのか。日本人は死というのをどのように考えてきたのか。これをやったら子孫にどういう影響を与えるのか。そういうことを考えないで、自分の意思だけで死んだら臓器をあげましょうということが、はたして布施であるのかどうか。賛否両論ありむずかしい問題ですが、私はこれは布施ではないと思っています。

臓器移植というのも外国人の考え方だと思うんですね。日本人は、そういう外国人とは違う考え方なんですね。あれはもちろんアメリカの考え方で、どうせ脳死になったんだから、移植をやったらいいという考え方だけれども、日本人は脳死が死かどうかということから考えています。死んだらどうなるのか。そこまで考えないと本当の布施にはならないと思います。

日本人というのは、細男に見られるように、死んだ人の幸せも考えないと、自分が幸せにならないということでしょう。そうすると、戦争で死んで、たとえば南方でそのまま遺骨になってしまった人がたくさんいらっしゃる。ああいう人をどうして弔わないのかということでしょう。そういう人を弔わないで、現在生きている日本人が幸せになれるはずがないんです。ですから、まず死者を弔うということが、現世にいる我々の幸せにつながってくるわけです。

春日祭・内院祭典風景

これが日本人の生き方でしょう。それを戦後は、もう死んだ人は関係ない。生きている人の幸せだけを考えようというから、こういうありさまになってしまったんですね。

中今――日本人の古来からの生き方

――先ほどもおっしゃったように、いま生きている我々だけが共生しているのではなくて、神さまとも共生しているし、それから亡くなった先祖とか死者とも共生している。そういうこととつながってくるということですね。

そういうことです。死者とも共生してはじめて、現世の我々の幸せというのがある。これは本当のことだと思うんです。日本人というのは本当のことをやってきた民族だから、こういう生き方を世界に知らせなければいけないと思います。しかし、今の人は死者のことはやらないで、生きている人のことばかりでしょう。そのためにこんな世の中になってしまったのだから、死者とも共生しなくてはいけないということをまず日本人自身が取り戻し、そして世界にアピールしなくてはいけない。これができるのは世界広しといえども日本人だけだと思います。

――最近の日本人はそういうことも忘れてしまいました。

ええ。日本人はいつも神さまや祖先に感謝するということをやってきた。それで今日まで続いてきていると言っているんです。そうでないと続いてはおりません。

死んだらどうなるのかということをよく言いますが、人間というのは同じことを繰り返すと言われているでしょう。だから、死ぬときはどうやって死んでいくのかというと、生きてきたとおりに死んでいく。ですから、自分が生きていたとおりの世界が、またあの世で現れるといわれているのは、本当だと思うんです。この世の中で勝手なことをやれば、あの世でも勝手なことをやって、また不幸になっていくんです。

それでも、何度も生まれ変わって、だんだん少しずつよくなって神さまに近づいていくんだと思うんです。そのいちばんよい例が、平安の初めごろに御霊信仰《ごりょうしんこう》というのがありましたね。あれはすごい発想なんです。

菅原神社のご祭神としてお祀りされている菅原道真公。彼は権力闘争に負けて九州の太宰府に流された。非常にくやしい思いをしたでしょう。だから、非常に怨念が強い。この怨念があるとみんなが不幸になるから、この怨念を消すにはどうしたらいいのかということで、神さまとして祀ったんですね。

この世の中ですごい能力があった人は、死んであの世にいっても能力があるんです。現世と同じことをやる。だから、それを神さまとしよう。そういう発想です。日本人のすごい発想でしょう。この世で力があった人はあの世でも力がある。それを神さまとして祀る。そしてその徳をいただこう。すごい発想だと思いませんか。

ですから、戦争で死んだ人というのは日本のために戦って戦死したのに、それを忘れて現世の人が何も顧みない。現世の人だけが、たらふく食べて幸せになっている。そうなれば、やはり死んだ人は怨念を持つと思います。昔から御霊信仰があるんだから、戦没者をどうして神さまとして祀らないのかということです。

靖国神社に総理大臣が参拝に行ったら憲法違反である。そういう問題とは違うんです。こういう人たちを神さまとしてお祀りする。そうすると、はじめていろいろ恵みをくださると思うんですね。ここが今の日本人が思い違いをしているところです。

――宮司が先ほどからおっしゃっているように、生きることといのちを伝えること、先ほども、続くということと栄えるということをおっしゃいましたが、そのへんのところがいま非常に重要なことではないかと思います。

ええ。だから人よりも栄えて幸せになるなんていう生物は一匹もいないんですね。順応している生物だけが続いているんです。前にも話しましたが、人生は生存競争だというけれども、ほかの生物で競争している生物なんて地球上に一匹もいない。そう見えているだけで、それぞれみんな自分で精一杯生きているだけの話なんですね。

そして順応した者は生き残りますが、順応しない者は滅びていく。こういう世界でしょう。決して桜が梅と戦ったとか、そんなことはないわけです（笑）。いかにも生存競争というのは正しいというけれども、私は違うと思う。だから、何度もいいますが、僕は子供のときから競争というのはいっさいやっていない。もちろん現在も全力で努力はしていますよ。しかし、あとは神さまに導いていただくというのが、本当だと思います。

これが神道でいう中今《なかいま》です。これは日本人古来の生き方です。中今というのは、神道というか日本人の生き方で、これは過去でもない、未来でもない、現在のいまを全力で生きるということです。あとは神さまにお任せする。これが中今で、昔から言われている日本人の生き方です。これが本当だと思うんです。現在を生き切るということですね。

ですから、私は大阪大学医学部に入学するとき、定員があるんだから、私が入ればだれかが落ちるでしょう。しかし、私が入ったために落ちた人が不幸になるということではないと思うんです。私も一回目の入試には落ちました。私が入るのも落ちるのも神さまのお導きですし、落ちた人も入った人も幸せになっていく。これが神の世界だと思うんですね。

この正月に、新しく入社する女の子の職員のお母さんが年賀の挨拶に来たんです。その人が言うには、娘が大学に入るときに一年浪人しました。浪人したために、宮司さんとご縁ができて春日大社に奉職できてありがたい。もしも浪人しなかったら、この子はほかの大学へ行っていたでしょう。だから、浪人がありがたいとそのお母さんは言っていましたが、それが本当だと思うんです。

自分のことで申しわけないんですが、私も阪大へ行くとき、いま言ったように一年浪人しました。そのためにいまの女房と結婚することになった。浪人しなかったら結婚していないんです。そういうことも神さまの導きだと思うんです。だから、すべて浪人が悪いとか、そういうのではなくて、それもまたよしというのが人間の幸せだと思います。そういうふうに任せられたら、この世の中には苦しみも悲しみも何もなくて、すべてよしということになるわけです。それでも、努力を怠ってはいけません。

――なるほど。ただし努力はしないといけない。

もちろん、努力して、あとは結果は自分で求めない。これが人間の生き方だと思います。それが神さまにそった生き方です。

第二章　古事記と日本人

古事記はなぜつくられたか

――ここでは『古事記』のことについてお聞きしたいと思います。『古事記』がなぜつくられたかというと、奈良時代に中国、朝鮮からいろいろな文明がたくさん入ってきて、その当時の若者が外国から入ってきた文明に非常に興味を持って、そちらのほうにどっと流れていきました。そこで、当時の日本のお年寄りというか、良識を持った人たちが、このままでは日本のこころというものが失われてしまうと(笑)。いまも同じような考え方を持っている人々がいらっしゃるように、何とか日本人のこころや歴史というものを残さなければいけないということになったわけですね。

――そうですか。それは面白いお話ですね(笑)。

もちろん漢字というものは日本古来の文字ではありませんし、それまでに日本に文字があったかどうかということは、はっきりとは分かっておりませんが、当時、中国から入ってきた漢字を用いて古くからの記録をまとめようということでつくられたのが『古事記』です。

現在の人々は、昔は日本に文字がなく、中国から漢字が入ってきたというと、中国の方が日本より優れていたと思いがちですが、私は違うと思います。中国はたくさんの民族で成り立っています。現在でも、北と南とでは、同じ国でありながら言葉が全く通じない国です。ですから昔、王さまが中国を支配しようと思って命令を下しても、言葉だけでは通じなかったのだと思います。それでいろいろな民族が共通して分かるものとして文字を作ったのだと思います。

文字というものは、家族や友達同士の横の会話には必要ありませんが、上下の会話、即ち王さまと下の人たちの、意思を通じるためにはどうしても文字が必要になってきます。現在の日本でも、お役所に行けば、言葉ではなく、文字を書かなければならないということを見ればよく分ると思います。そのために漢字が発達してきたのでありましょう。それに対して日本人は昔から共生している民族ですから、言葉が通じ、特別に文字を必要としなかったのではないかと思います。このように、その国の事情によって文字ができたのであって、特別に中国が日本より文化が優れていたと考えるのは、私は間違いだと思います。

ところでこの『古事記』が、どのようにしてつくられたのかというと、もともと日本の歴史というのは、語り部という昔のことを専門に暗記し伝える職業の人が代々、昔の言い伝えを言葉で語り伝えてきました。その当時は書物というものはなく、いまいったようにこのままでは散逸してしまい、日本の心が失われてしまうという危機的状況から、稗田阿礼《ひえだのあれ》の語った歴史を、太安万侶《おおのやすまろ》が漢字を当てはめて書いた最初の歴史の書物が『古事記』となったわけです。これはいわゆる漢文体で書かれているのではなくて、日本語に漢字を当てはめて書かれた日本で最初の書物です。

これは、ちょうど現代の日本と全く同じで、戦後すべてのことを理屈で考えるようになり、日本の若者はすべて理屈が正しいと思うようになって、日本人本来のこころを失ってしまった今の状況に重なります。そうしたことは『古事記』の前書きにも触れていますが、本文の中にも、そうした時代背景を表わしたものがいくつかあり、「天の岩戸の物語」もその一つです。

「天《あま》の岩戸《いわと》の物語」について、少し概略を申しあげますと、天照大神《あまてらすおおみかみ》の弟であるスサノオノ命《みこと》の乱暴が激しく、最初、天照大神さまは我慢をしておられたのですが、スサノオノ命が田圃を壊したり、また着物を織っている女性のところに皮を剝ぎ取った馬を投げつけたりしたので、大神《おおがみ》さまはもう我慢できなくなって天の岩戸にお隠れになったために、世の中が真っ暗になってしまったという話です。

これはいろいろな解釈がありますが、その一つとして、スサノオノ命は朝鮮半島の神さまだと言う説があります。その神さまが乱暴したということは、外国から入ってきた文化に若者たちが溺れて、日本の文化を顧みなくなったことを現わしていると私は思っています。それは現代と同じで、田畑で米を作らずにそれを止めてみたり、日本人の最も大切にしている着物の考え方を壊してしまった。そして日本人の原点たるこころを失ってしまったことを表現しているのだと私は思うのです。

そして日本の国が真っ暗になってしまった。そうした時、どのように天の岩戸が開き、天照大神が出ていらっしゃったかというと、先ず、春日のご祭神である天児屋根命《あまのこやねのみこと》が岩戸の前で祝詞《のりと》を上げたということです。その声があまりにも素晴らしく、祝詞の文があまりにも素晴らしかったので、天照大神が扉を少し開けてご覧になったといいます。すなわちこれは正しい日本語、真実の日本語を語るということです。

そしてアメノウズメノ命《みこと》という女の神さまが舞を舞われた時、それが非常に面白かったので、廻りにおられた神さまが笑われた。それを聞いて、天照大神は扉を開かれ、アメノタジカラオノ命という神さまが大神さまを引っ張って外にお連れした。それで再び世の中が明るくなったということです。

これはアメノウズメノ命が舞によって、神さまはこんなに素晴らしい御方ですよという、神を認める舞をされたのではないかと思います。神さまが一番悦ばれる、神を認めるということでありますから、舞によって神を認め表現されたので、神さまは外に出ていらっしゃったのだと思います。これは単なる神話ではなく、世の中の真実の話だと思います。だから昔も今も同じで、今もまた日本人の原点に帰り、天の岩戸を開かなければならないと思うのです。

――なるほど。まさしく、歴史は繰り返されるものですね。

人は病気や不幸やいろいろな悩みがあると、神さまに幸せを願いますが、真実に幸せを求めるというのは、幸せが与えられることを願うのではなく、神を認めてお悦ばせすることだと思います。そうすれば願わなくても、神さまは出てきてくださるのだと思います。

神さまは、こちらから認めることによってはじめて現れていらっしゃるのです。ですから、苦しみやいろいろな不幸があったら、幸せを求めるのではなくて、神の素晴らしいお姿を認めるということが大事です。それが幸せにつながるということが真実です。これをやっているのが日本人の祭りであると思います。

――天の岩戸の物語というのは、祭りの原点だということですね。

古事記の真実のこころ

少し話がそれましたが、そうやって『古事記』がつくられました。そして最初のころというか、稗田阿礼という人が生きていた当時は、誰が読んでもこの『古事記』から日本人のこころが伝わっただろうと思います。それが百年、二百年たつうちに、そのもとの稗田阿礼の伝えようとした日本のこころがわからなくなって、しかたがないので漢字を訳すようになってしまった。そのために『古事記』というのは、本来のものとはまったく違った意味をもって伝えられるようになったと思うのです。

これではダメだということで、原点にかえったのが、いわゆる江戸時代の国文学者である本居宣長《もとおりのりなが》です。宣長は『古事記』の本当の解釈をしようとして心血をそそぎ、そしてつくられたのが、有名な『古事記伝』という本です。

ところで、『古事記』は稗田阿礼の語った日本語を、太安万侶がそれに漢字を当てはめて書いたと言われておりますが、私は、稗田阿礼が語っている日本人のこころが、中国の漢字で正しく表現できているかどうか、長年、疑問に思ってきました。

なぜかというと、私は昨年、アメリカで神道の話をしましたが、その時ベテランの通訳二人が来て、私の話をアメリカ人に伝えようと骨を折ってくれました。リハーサルで、私が日本人は元来自分で生きているのではなく、神の恵みと祖先の恩とによって生かされているということに感謝の生活を行ってきたのだと言ったら、二人の通訳が、アメリカ人は自分で生きていると思っておりますから、生かされているという英語はありません。また、祖先に対する恩という言葉もありませんといって、どのようにこれを訳したらいいか、大変困っておりました。下手に英語に訳すと、日本人のこころが失われるということで、訳すのは不可能ではないかという結論になりました。

また、リンカーン記念堂のリンカーン像の下に、

ザ・メモリー・オブ・アブラハム・リンカーン・イズ・インシュラインド・フォーエヴァー（The memory of Abraham Lincoln is enshrined forever.）

と書いてあります。通訳の人が、シュラインというのはこういう意味で使っているんで

す。だから、日本人がよく神社をシュラインと訳し、これでアメリカ人に伝わったと思っていますが、アメリカ人には本当の神社の意味は伝わっていませんといっていました。なるほど、安易に言葉に置き換えるということはしてはいけないと思いました。日本人独特のこころ、文化を英語に訳すことがいかに難しいことかを、その時に痛感しました。

このようなことから考えてみますと、太安万侶は果たして正しい漢字を当てはめることができたのかどうか、非常に疑問に思います。稗田阿礼や太安万侶が生きていた時はそれでもいいのでしょうが、その後の日本人は、稗田阿礼のこころがわからず、本に書かれた漢字の意味を訳すようになってしまったため、私はその後、『古事記』の真実のこころがわからなくなってしまったのではないかと思っております。漢字を訳すのではなくて、その漢字の奥にある稗田阿礼の語った日本人のこころがわからなければ、『古事記』に書かれた真実の意味はわからないと思います。

私は日本人ですから、自分が原点の日本人のこころによみがえり、日本人が持っている素晴らしい自然観、人生観、宇宙観を知るようになると、『古事記』の真実のこころがわかるように思います。

たとえばどういうことかというと、『古事記』のいちばん最初に「神代篇」というのがあります。いちばん最初は「天地初発之時於高天原成神名天之御中主神（あめつちはじめてひらけしときに、たかまがはらになりませるかみのなは、あめのみなかぬしのかみ）」

となっていますが、この単なる一行は漢字として訳そうとしたら訳しようがない。「いちばん最初に高天原に天之御中主神という神さまがいらっしゃった」という以外に訳しようがないけれども、私はこの一行にはもっと奥深い、日本人のこころが込められていると思うのです。

つまりこの一行に、すごい宇宙観といいますか、この宇宙の始まりを示そうとしていたのではなかろうかと思うのです。日本人というのは、科学のないはるか昔の時代に、この宇宙というものがどのようにしてできてきたのかということを、直感的に知っていたのではないかと思うんです。この『古事記』の一行には、現代の宇宙や物理学や科学の学問においても立派に通用するレベルがあると思うのです。

いまの宇宙がどうしてできたのか。それは、百五十億年前にビッグバンという現象で宇宙が膨張しはじめて、現在の宇宙ができてきた。これはわかっていますが、ではその前にどういう世界があったのか。結局、百五十億年の昔から物質というものができてきたんですから、その前には物質のない無の世界があったということになりますね。

いったい、そこに何があったのだろうかということを人々は考えるんですが、やはりそこに宇宙のこころといいますか、神のこころというものが存在していたと、科学者はじめ多くの人がそう考えるようになってきました。その神のこころの導きによって、すべてこの宇宙は導かれて、現在までできてきたと私も信じています。

それは第三集の『神道 見えないものの力』にも書きましたが、この宇宙というのは偶然とか突然という形でできてきたのではなくて、すべて百五十億年昔に、この宇宙を創り出した神のこころ、神の目的によって導かれてできたのだと思います。ですから、こころからすべてのものが現れる。これもまた本当のことではないかと思います。

たとえばお茶わん一つつくるにしても、そこに茶わんをつくろうというこころがなければ、お茶わんはできるはずがないでしょう。すべて原点にはこころがあるんですね。これが真実です。そうすると、この「天地のはじめに高天原に天之御中主神がいらっしゃった」という最初の言葉が、そういう宇宙の成り立ちの原点、百五十億年昔の原点を表わしていることになります。これはすばらしいことだと思います。

宇宙と一体の自然観

次に『古事記』では、独り神、結び神という神さまが出てきます。これらの神さまの働きも真実のことであって、百五十億年前、はじめてでてきたのは、いわゆる素粒子という、陽子とか中性子というような波動なんですね。はじめに波動という波ができてきたのです。

これはただの波動だったんだけれども、これがいわゆる結びの神、現在でいえば中間子ですね。その引力によって二つがバランスを取って、はじめて核というものができて、それがまた電子という波動とバランスを取って、物質の最小単位である原子ができたわけです。最初に独り神が現れ、またそこに結びの神が現れたというこの発想は、まったくそのとおりなんですね。

ですから、そういう宇宙の原点、最初は単なる波動が、結びの神、いわゆる中間子によって結ばれて、物質ができてきた。こういうすごい真理を、たったわずかな二、三行のところに書いているのではなかろうかと思います。

これが、日本人のもっているすばらしい宇宙観なんですね。これを稗田阿礼が言わんとしていたのではなかろうかと思います。この独り神とか結びの神という発想がどうやって出てきたのか。これは世界の神話には見当たらないでしょう。こういうことを日本人が考えていたということが、すばらしいことだと思います。

それから、波動によって夫婦の神が現れ、すべてのものがバランスによって現れてくる。夫婦の神が現れてくるというのは、またすばらしい発想だと思うんですね。そういうふうにして、イザナギノミコト、イザナミノミコトが現れて、いろいろなものが生まれてきますが、これが外国と違うのは、外国の、特にキリスト教なんかはオールマイティ・全知全能の神さまがすべてのものをつくったという発想でしょう。しかし、日本の場合は、神さまが全部生んだという発想です。これがまたすごいことですね。

ですから、つくったというより、生んだというほうが自然で、そこから神のいのちと人間のいのちがつながっているという日本人の共生の人生観があるのだと思います。結局、最初に神のこころによって中性子から原子ができてくる。この原子というのは、神のこころの波動によって生まれてきたというのが、より正しい表現ではないかと思いますが、とにかくそれを日本人は生んだという表現にした。これは実にすばらしい発想だと思うんですね。

ここに日本人のすばらしい宇宙観、自然観が現れている。昔の日本人はそういう宇宙観、自然観というものを持っていたのではなかろうか。そういうことから、日本人の共生とか、生かされているとか、そういう発想が出てきたのではないかとも思うのです。

雅楽の奏者として有名な東儀《とうぎ》秀樹《ひでき》氏は、雅楽の楽器で洋楽としての日本の歌や西洋の音楽をはじめて演奏され、また雅楽の楽器についていろいろ語られています。その中で、雅楽の楽器は、シルクロードを通って外国から入ってきたものですが、いろいろ入ってきた音楽の中から、神に捧げるのにふさわしい曲、そして日本人の気質や日本の風土に合うものをいろいろ整理して平安時代に今の雅楽の楽器が完成した。それ以降はほとんど変化していない。これは変える余地がないくらい、熟成をもって完成していたからです、といわれています。

よく、絵や音楽などは、宇宙のこころを表現しようとしてできたといわれますが、日本人は宇宙を表現しようとしたのではなくて、宇宙と一つになる自然観をもって、音楽を表わした。宇宙の摂理にかなっていたということです。それが科学的にも正しかったというのが、日本人の自然観です。だから、古事記の神代編も、神の世界を表現しようとして語ったのではなく、宇宙と一体の自然観をもっている日本人が、しぜんと表現した言葉ではないかと私は思っています。

国生みの神話について

——なるほど、宇宙と一体の自然観ですか。そういえば神代編の、国生みの神話というのは、つくったのではなくて、生むという話なんですね。

ええ、生んだということが、すごいと思うんです。ところで最初に夫婦で子供を産むときに、イザナミノミコト、つまり女性のほうから、あなたはすばらしい男性ねと声をかけ子供を産むという条《くだ》りがあるんですね。そうすると、蛭子《ひるこ》という変形の子が産まれたという話が書いてあります。これは架空の物語だとか、あるいは儒教が影響しているとか、いろいろ言われていますが、これもいま現在の医学に通じる妊娠の仕組みとまったく同じことを示しているんですね。

どういうことかというと妊娠の仕組みというのは、精子と卵子が合体して生まれるんだけれども、この精子には核しかありません。遺伝子しか持っていない。それに対し卵子は核と卵子の体を持っています。この核しかない精子がどこに入るのかというと、卵子の核のなかに入るわけです。そしてどうなるかというと、女性の遺伝子と男性の遺伝子というのが同数でピタッと対で並ぶという仕組みになっています。こういう核のバランスが整うと、そこに生命が誕生して分裂しはじめる。ですから、先ほど言ったように、秩序が保てないといのちはできてこないという仕組みで、ピタッと同数が並んだときにはじめて受精したということになり、分裂がはじまるわけです。

ところで、生物というのは、その持っている染色体の数が決まっています。人間というのは四十六もっています。卵子も四十六、精子も四十六持っている。この二つが合体すると、そのままだと九十二になってしまいますね。そうすると人間は生まれてこない。四十六と四十六が合体して四十六の染色体を持たないと、人間は生まれてこない。

つまり、そのときにどうするかというと、精子がまず半分を減らす。数を二十三にして卵子の核に入っていきます。それはどういうことかというと、たとえば男性は、自分の右の耳の遺伝子は嫌いだということで、右の耳の遺伝子を捨てる。そうすると女性のほうは、では私は右の耳の遺伝子を残しましょうということで、ちゃんと耳のある赤ちゃんができます。

ところが、女性が先に、私は右の耳はいらないといって捨ててしまった。男性も右の耳はいらないと言ったら、右の耳のない赤ちゃんができる、変形の子ができるということなんです。だから、この場合、女性というのはあくまでも男性の不足を補うことが自然の法則であり、そうすることによりはじめて、健康な子供というのが生まれる。それに見事に当てはまるのがこのイザナギ、イザナミの結婚の話なんですね。

ですから、女性が先に行なったら、子供は変形が産まれますよということを、どうして医学もない時代に知っていたのか。これは、まさに日本人のすごい知恵だと思うんですね。男性が上とか、女性が下とか、そういう意味ではなくて、この世の中の妊娠の仕組みというのはそういう仕組みになっているのです。男性の不足を女性が補ってはじめて健康な子供が産まれる。そういう仕組みになっているわけです。それを、男女平等とか不平等だといっても、そういうふうになっているんですから、これをやらなかったら、変形の子供が産まれるということなんです。

妊娠のしくみは、この染色体のことだけを見ても、無数の神秘のしくみの積み重ねによって行われ、子供が生まれてくるということがわかっています。

赤ちゃんが生まれてくるということは、百五十億年昔からの神さまの導きによる、無数の神秘のしくみのおかげで生まれてくるものですから、五体満足に生まれたということがいかにありがたいことか。とても単なる感謝だけでは表せないすばらしさです。自分が生まれてきたことを当たり前だと思ったり、自分は生まれたくなかったのに生まれてきたなどという人もいますが、それはとんでもないことです。両親を通してのすばらしい神の知恵のおかげで、我々は現在地球上に存在するのです。このことを皆、自覚しなければならないと痛切に思っています。

――女神のほうから先に積極的に声をかけたら蛭子が生まれた。そして次は逆に、男神のほうから声をかけたらちゃんと子供が産まれてきたと、そう記されていますね。

ええ、これが本当のことなんです。そういう世の中の真実を日本人は知っていたということが、すばらしい宇宙観、日本人の知恵ではないですか。この真実を物語風にしているのが『古事記』だと思うんですね。けれど、これが古い書物に書かれた神話だというと、非科学的だとか、架空の物語だと言う人がいますが、決してそうではありません。

そういう本当のことを昔の日本人が知っていて、それを『古事記』というかたちで伝えようとしたのだと思います。そのために太安万侶がいろいろな漢字を当てはめて書いたんだけれども、のちの人が漢字のむこう側の本当の意味がわからなくなってしまったため、いろいろな間違った解釈が出てきてしまったのだと思います。

この『古事記』のすばらしいところというのは、「神代篇」にほとんど含まれています。あとのほうはいわゆる歴史です。それよりもこの最初のところに、日本人のこころのすばらしさというのが出ているのではないかと思います。

これは言いだしたら切りがないんです。国譲りから何から、すごいことを言っているでしょう。とにかく『古事記』はそういう真実を伝えているということだけはわかってほしいと思うんですね。

――『古事記』は真実を伝えていると。

ええ。たとえば、今お話をしているイザナギ、イザナミノミコトのところで、最初はこの世の中はドロドロとしていて、そこに矛《ほこ》を突っ込んで滴《しずく》が垂れたら、それがオノゴロ島になったとか、そういうことが書いてあるでしょう。これも単なる架空の物語ではなくて、それにはちゃんと意味があるのです。

おそらくこの地球というのは、太陽が爆発したときにはドロドロしていて、まだ固まっていなかったと思うんですね。それがだんだん固まってきて、陸になり、海になってきた。キリスト教では神が万物をつくったと言っている。こういう発想だけれども、日本人の発想は、最初はドロドロしていたと。これがすごいと思うんです。

頭で知る・体で知る

――なるほど。

ところでこのあいだもさるところでカレンダーの話をしましたが、いま世界中の人はカレンダーは数字だと思っているでしょう。一月一日から十二月三十一日まで、ただ数字が羅列してある。それがカレンダーだと思っていますね。頭で日にちを考える。そして、今日は一月何日とか、今日は寒の入りとか、そういうことを言っている。よくテレビでも言うでしょう。今日は暦の上では立春だけれどもまだ寒いとか、よく言うでしょう。これはみんな頭でカレンダーを考えているからなんです。

ところが、そうではなくて、体で感じるのが本当のカレンダーなんです。昔の日本人は全部、体で理解していたんです。ですから、毎日の移り変わり、季節の移り変わりを、頭ではなくて体で知るというのが本当の暦なんです。今日は寒の入りだというのは、カレンダーの数字を見て寒の入りと言うのではなく、体で「今日は寒の入りだな」「今日は立春だな」というのを考えるのが、本当の暦なんです。

そうすると、体がそれに順応するんですね。だから健康でいられる。ところが、いまの人は頭でやるものだから、体が季節の変化に順応しないで病気になるんです。それを知っていたのが日本人です。

聖人というと、外国の考え方では宗教的にすぐれた人、我欲のない人を聖人であると言うでしょう。それは外国人の考えであって、日本人の聖人というのは本来そういう意味ではなくて、「聖＝ひじり＝日知り」ということです。日というか、季節の変化というものを知っている人が、いちばんすばらしい人ということです。

日本人の暦というのは、夏至と冬至が基本です。夏のいちばん暑くて日の長い夏至と、夜のいちばん長い冬至が基本です。これからすべてを勘定します。それで、寒の入りだとか、立春といっていたんですね。そして、体が順応していた。昔からそういうことをちゃんと知っていたんですね。

たとえば伊勢の二見浦の夫婦岩というのがあって、それに締め縄が張ってあるでしょう。その真ん中から太陽が上がったときが夏至です。そういうことを知っていたんですね。どういうときが冬至かというと、縄文時代からやっているんですね。石の柱をたてて、その間がどうなったときが冬至だとか、そういうことをちゃんと知っていて、それから勘定する。その周期を人間の体でもやっていたんですね。

——そういえば、江戸時代に絵暦というのがありましたね。数字ではなくて、絵で示すということなんですが、四月とか五月に田植えの絵がある。そういう暦が残っていますね。一般的な説明だと、文字がわからないから絵で示すんだといいますけれども、いまのお話をうかがっていますと、そういうものとつながってきますね。

ええ、そうですね。ただ、文字を絵で表わすというのも後の話であって、昔は体で知っていた。これが本当の暦なんです。そうすると、体が順応していくでしょう。

ところで、子午線といって太陽が真上を通る道があるでしょう。大阪のほうでも、その真下に神社が建っているところがあります。これも、そういうことを体で知っていた人が建てたのでしょう。そして、その季節を知るとか、そういうことをやっています。知るということは体が知るということで、たとえばいつ田植えをしたらいいとか、何をやったらいいとか、これは体でみんな知っている。それが本当の暦であり、ひじり、日を知るということです。これで生活をしていたわけです。

ところがそうすると、非科学的だとすぐ言うでしょう。いまは数字だと言うけれども、数字のほうがおかしいんですね。頭で考えている。本当の変化を知らないんですね。昔の漁師というのは、空を見ただけで嵐になるとか、みんな知っていたでしょう。生きるための知恵ですね。そういうことを全部忘れてしまったから、病気ばかりする。順応していないんです。頭だけでは体が季節の変化に順応していかないんです。

ですから、こういうことを非科学的だとか古いと言わないで、昔の人は本当のことをやっていた。そういう原点にかえって、外に出て自然の気を感じて季節を知る。私はこれが一つの祓いだと思うんです。日本人というのは、祓いによってすべての罪・穢れを祓って清らかな生活をしようとしてきましたが、すべてそういうふうに通じるわけです。

祓いというのは何かというと、五感ですね。人間の持っている五感というのは、祓いそのものだと思います。目ですばらしい自然やすばらしい絵などを見て、そして清らかな生活をしようと。音も、自然の音、すぐれた音楽などを聞いて、五感によって内を清めていこうというのが、祓いだと思います。

自然のそういうものを受け入れないと、祓いというのはできないのではないか。いまのように、知識の情報や、人間がつくった音とか、そんなものばかり聞いているから、罪・

穢れが体のなかに入ってしまうんです。昔の人はちゃんと知っていて、自然を聞きなさいと言っています。草のなかで鳴く虫の声を、外国人はノイズだという。しかし日本人は、これで自然を知るわけです。秋の虫が鳴けば秋だなと思うでしょう。

僕はいつも言うんですが、「静けさや岩にしみいる蟬の声」という芭蕉の句は、本当の日本人の感性を現していてすごいと思います。セミがミンミン鳴いている。この音によって、山の静けさを知る。この境地がわかるのは日本人だけでしょう。それは祓いの精神に通じると思います。そうでなかったら、セミがうるさいで終わりだと思います（笑）。

――そのあたりが、先ほどもちょっと出ましたが、自然のテレパシーを聞くとか、そういうことつながってくるということでしょうか。

そういうことですね。ですから、第六感とか、そういうものはなくても、我欲を出さずに自然に沿って生きていれば、自然のテレパシーをだれでも聞くことができる。自分のことを言うのもおかしいけれども、私は常に自然の声というか、テレパシーを聞いています。子供のときから我欲をなくす生活をさせられてきた。そうすると、自然に入ってくるんですね。聞こうと思っているのではない。自然に聞こえてくる。これが本当だと思います。

先日、生長の家の全国栄える会副会長である多和田美子さんから聞いた話ですが、ルバング島の森の中で生活していた小野田さんが発見されて日本に帰り、しばらく病院に入院した時、帰ってきた当時は病室のなかにいても、外の廊下を通る人が戸も閉まっているのに全て見えたそうです。今、何歳ぐらいの女性が来たとか、男性が通ったとか、全てわかったそうですが、だんだん日本の生活に慣れてくるにしたがって、まったくわからなくなってしまったという話をされたそうです。

すなわち、一人で森のなかに生活していた時は、全神経を使って自然の声を聞いていたわけで、そうすると自然のいろいろなことが、見えたり聞こえてくるようになったということです。

この話を聞いて、私は今の日本人は余りにも物質文明の生活に慣れて、人間本来の自然の声を体で知るということをまったく忘れてしまい、その結果、病気が多くなり、何でも薬に頼らなければならない体になってしまったと、つくづく感じました。

火と鉄の文化

――先ほど「ひじり」というのは、日を知ることが「日知り」であるというお話が出ましたが、同時に、「火知り」でもあるといいますね。『古事記』でも、イザナミノミコトは火の神を産んで、それがもとで死ぬという話があります。火の力といいますか、そのあたりについておうかがいしたいと思います。

あの条《くだ》りはいろいろなことを言っているのだと思いますが、一つは鉄の文化の移り変わりを述べているのだと思います。鉄というのは、いちばん最初は植物のアシの下にできる褐鉄鉱からつくりました。いまでもできますが、いわゆるパチンコの玉のような褐鉄鉱の玉がアシの根っこにたくさんできます。その褐鉄鉱から鉄をつくっていたわけです。豊葦原《とよあしはら》の瑞穂《みずほ》の国でお米がよくできて、アシがたくさんできたらなぜいいのか。アシがたくさんできれば、鉄ができるからなんです。だから、豊葦原、アシがたくさんできる原ということですね。お米をつくるには、鍬《くわ》とか鋤《すき》、つまり鉄が必要です。だから、アシがたくさんできたら鉄ができ米ができると。こういう意味があるんです。

いまは木の鍬、木の鋤で砂を掘って地鎮祭をやっています。これはいかにも鉄だと重いから木でやっているのだと思われますが、そうではないんです。昔は鉄がなかったから、木でできた農具を使っていた。それが鉄が採れるようになってから、鉄に変わった。その昔のことが今の地鎮祭の名残りとして残っているのです。

それで鉄の玉がたくさんできるようにどうしたかというと、銅鐸というのがあるでしょう。あのなかに褐鉄鉱の鉄の玉を入れて、ガチャガチャとやる。アシというのは湖水にできるでしょう。諏訪湖とか、ああいう温泉地の湖水の岸辺にたくさんアシができる。ガチャガチャとやりながら、たくさん鉄ができることを祈ったんです。それが銅鐸です。

——銅鐸はそのためにできたのですか。

ええ。だから、パチンコがどうしてすたれないか（笑）。そういうことを昔からやっていたんです。チンジャラジャラ、チーンというのは、昔、褐鉄鉱から鉄を取った記憶が遺伝子にあるんですね。ですから、どんなゲームがすたれても、パチンコだけはすたれない。昔の日本人の記憶が今でも残っているからです（笑）。

――本当ですか（笑）。たしかに、この不景気のさなか、どこへ行っても、パチンコ店だけはすごく立派で繁昌していますね（笑）。

ええ。この日本では昔からお米というのは非常に大切でしょう。そのお米というものと同様に鉄も大切です。そういう流れを日本の歴史は根強く持っているんですね。その表れが神社の鈴です。あれは銅鐸と同じ系統のものですね。ガランガランと振って鉄ができることを祈ったのが、鈴なんです。そうやって昔のことをやっているんですね。

それが時代が下って砂鉄に変わっていきます。褐鉄鉱は質が悪いんです。だから次に砂鉄から鉄を取るようになる。進歩したわけです。そしてどうやって砂鉄をとったかというと、フジの蔓《つる》なんです。フジの蔓を蚊取線香のように渦に巻いて、これで川の砂をすくう。そうやって砂鉄を取ったそうです。藤の蔓というのは砂鉄文化に非常に重要な役割をはたしたわけです。また私の著書『神道と日本人』にも書きましたが、藤という日本語は、富士の山も藤の木も同じで、「ふ」というのは「吹く」という意味です。「じ」＝「ぢ」というのは地面ですから、地面から吹き出た山というのが富士山であり、地面のエネルギーを吹き出して成長したのが藤の蔓です。つまり「ふじ」ということばには、生命を生み出す大切なものという意味が込められています。

話しがすこしそれましたが、それが、さらにはふいごができて、鉄鉱石から鉄を取るように変わります。ですから、『古事記』のイザナギノミコト、イザナミノミコトの神話の条りは砂鉄文化が投影されています。それがふいご、鉄鉱石から鉄を取る文化になったから滅びた。それが火の神を生んでイザナミノミコトが亡くなり黄泉《よみ》の国《くに》、死者の国へ行ったという記述です。

そして、イザナギノミコトが奥さん恋しさに黄泉の国へ往く。しかし、もう砂鉄文化に帰ってはいけません。これからはふいごの鉄の文化ですよとだんなさんを追い帰したということなんですね。そして黄泉国より戻られたイザナギノミコトが海の水で沐浴されたときに、お生まれになったのが天照大神《あまてらすおおみかみ》です。

この、イザナミノミコトがいろいろなものをお生みになったけれども、火の子を生んで亡くなられたということは、物質的なものをすべて火の浄化力によって消し、身についている我欲からくる罪・穢れのすべてを祓い清められたということであり、またイザナギノミコトが黄泉の国から逃げる時、いろいろな身についているものを投げ捨て、最後に九州の阿波岐原というところで禊ぎをされたら天照大神がお生まれになったという話は、海の浄化力で体を祓い清めた時、神と一つになり尊い天照大神がご出現されたという祓えの物語でもあると私は思っています。

祈年祭・宮司祭典奉仕

これは現在にも当てはまることで、戦後、物質文明が進歩し、生活は豊かにはなりましたが、物欲、目先の欲ばかりにとらわれた結果、現在の乱れた日本の国になってしまったのです。今こそ物質欲を捨てて真実の神の姿を見なければならない時だと私は考えます。

それからもう一つ。私の著書『〈神道〉のこころ』でも述べましたが、人間の脳が進化して大きくなり、その結果、火を使って食べ物を煮たり焼いたりして食べるようになったために、食べ物を生まで食べる動物のように大きな咀嚼力が必要でなくなり、あごが後退し、鼻が突出し人間の顔が垂直になりました。その結果、口腔の形が変わって動物の鳴いたり吼えたりする声に代わって人間の言葉が現われてきたのです。

すなわち、火によってほかの生物とは異なる、神のこころを表現する言葉を持つようになったのです。つまり、このイザナミノミコトの話は、火によって本来の人間の姿が現れてきたという意味もあるのではないかと私は考えております。

地球上に水と火が現われてきたということは、まさに神の神秘の導きでありまして、これによって人間は真実の生活をし、神の目的である神の世界を認めることができるようになれるのです。水と火はまことに神秘なもので、我々のいのちを生かす大切なものではありますが、ひとたび怒ればすべてのものを押し流し、また焼きつくす大きな力を持っております。これが神の導きによる自然の力の偉大さであると思います。

科学の知識によって何でもできるとうぬぼれている現在の人間にとって、人間の力は自然の力の前にはまったく無力であるということをあらためて知り、自然の力で生かされているということに感謝しなければなりません。

クリーンなエネルギーとは

ところで先ほど銅鐸の話をしましたが、銅製品はよく出土するでしょう。鉄はあまり出てこないから、昔の日本人は鉄を使っていなかったのではないかと言う人もいますが、鉄はさびて腐ってしまうから残らなくて出てこないだけなんです。銅はさびないで残るから、銅が出てくるだけの話です。いま言ったように、ちゃんと鉄を使っていたわけです。

そうすると、歴史というのはずっと鉄の文化でしょう。鉄の出るところへ、神さまが祀られているわけです。だから、いかに鉄が大事か。鉄がつくれるというと、すぐ武器と言いますね。たしかに武器もそうかもしれませんが、まず農具が必要なんです。これがないとお米がつくれない。そういうふうに解釈しないといけないと思います。

すぐに武器だとか、大和朝廷が武力でほかの部族を滅ぼしたと言いますが、そうではなくて、鉄の文化の変遷というふうに解釈してほしいと思います。これが本当の『古事記』の意味なんです。大和朝廷は決して武力で征服していない。日本の朝廷というのは、世界にまれなる方法で日本を統治してきたわけです。

いつも話しているように、ヨーロッパなどは武力で敵を滅ぼして治めるということをやっていますね。そして、負けた国の宗教とか文化を全部滅ぼして、その上に自分のものを乗せるというやり方です。しかし、大和朝廷の治め方というのは、そういうことはいっさいやっていないんです。

地方にいろいろな部族があったけれども、その部族が祀っている神さまを滅ぼさないで、ここへ持ってきて天皇もお祀りしましょうということで治めたわけです。だから、みんなが納得したんです。それで現在、宮中には、賢所《かしこどころ》と皇霊殿《こうれいでん》と神殿《しんでん》という三つのお社があります。神殿というのは、日本全国の神さまをお祀りしたお社です。いまでも毎日、天皇がお参りなさっています。そういうやり方で治めたわけです。

春日大社もそうです。この地に春日大社をつくるために、地元の神さまにもおいでいただいたんです。そして、春日の神さまも皆さんが祀っている神さまもお祀りしましょうと。ですから、ほとんどの神さまを大社ではお祀りしています。そういう日本独特のやり方を日本人はしています。

――ちょっと話は戻りますが、当時の火と鉄というのは、いまでいうと原子力エネルギーでしょうか。これは現代の神の火ではないかというような話もあるくらいですが、原子力発電とか、原子力エネルギーとか、そのあたりのことについてはいかがですか。

このあいだ関西電力の原子力発電所の現場を見せてもらいました。その時つくづく思ったのは、原子力発電というものが生物の妊娠と同じ仕組みだということです。

どういうことかというと、あれはウランという鉱石を核分裂させて熱を出させるでしょう。そのために何をやるかというと、ウランに中性子をぶつける。そしてウランの原子を分裂させると、そこにすごい熱エネルギーが出てくるのです。妊娠もまさにその通りなのです。卵子の核だけではできない。そこに精子の核がぶつかると、熱が生まれてくるでしょう。まったく同じ仕組みだと思います。

そして、そのエネルギーを水で冷やしている。冷やしただけではなくて、また温めてその水が蒸気となって、これがタービンを回す。この冷やすということですね。冷やしたり、それをエネルギーに変えたりしているのが、原子力発電です。

人間もそうなんです。結局、新陳代謝というのはいわゆる核分裂です。これはものすごく熱を発するんです。それを適当な温度に調整しているのが体液です。血液が体全体を流れて、そして、一定の温度に保っている。同じことをやっています。原子力発電というのは、水を循環させておいて、熱が上らないようにしている。一方では、その水を蒸気に変えている。だから、原子力と人間の体というのはまったく同じなんですね。

その水が漏れたりすると、熱が出て放射能で汚染されるとか、そういう問題になってくるわけでしょう。人間も、新陳代謝の熱が抑えられなくなると、発熱をしていく。同じ仕組みなんです。だから、エネルギーを出す方法というのは同じだなと、つくづく感じました。核分裂をさせてエネルギーを出しているわけです。

ただ、そこでの違いは、ウランでやると放射線が出るけれども、人間の核分裂はまったくそういうものを出さない。それが大きな違いだと思います。ですから、本当のエネルギーだったら、おそらく放射線というのは出さないと思うんです。生物の仕組みの核分裂だったら、放射線は出ないけれども、ウランという鉱石を使ってやるから、そこに放射線というものが出てしまうのだと思います。もっと進化すれば、本当の核分裂によるクリーンなエネルギーができる時代がいつか来るかもしれませんね。

——クリーンなエネルギーですか？

石炭でも、あれは植物の化石でできた燃料でしょう。石油もそうです。あれは昔の微生物が死んで液体化したものです。それを燃やす。地中に吸収されないでたまっている液体が石油です。もともと吸収されないものでつくられたエネルギーを使っているから、今度は土に返らないわけでしょう。土に返るものでエネルギーをつくれば、本当のクリーンなエネルギーが得られると思います。

それを三十八億年昔からやっているのが生物のエネルギーです。遺伝子を次に伝えるということによってエネルギーが出てくるわけですから、これが本当のクリーンなエネルギーではないかと思います。

循環とバランスのシステム

——なるほど。そういう意味でいいますと、宮司がよくおっしゃることの一つに、自然の循環ということがありますね。なにごとも循環が大切であると。

そうなんですね。この世の中というのはすべて循環でできているでしょう。循環すれば、そこに汚染物質というのは出てこないわけです。水でもそうです。海の水が温められて気体となって雲になり、それがまた冷えて雨になって落ちてくる。こうやって循環していま す。すべてこの世の中というのは循環している。

人間もそうです。人間は呼吸で炭酸ガスを出して、植物が光合成をして酸素をつくる。またそれを人間が吸って炭酸ガスを出す。植物は炭酸ガスによって生きる。人間は植物がつくった酸素で生きる。こういう循環システムになっています。昔の人はみんな循環で生きていたわけでしょう。人間が出した排泄物を田に肥やしとして入れて、田を耕し、野菜をつくり、それを人間が食べる。そういう循環をしていたわけです。

ですから、前にも魚の話は言いましたが、昔の日本人は、魚というのは遠く船で行って取るものではない。魚がこっちへやってくるものだということを知っていた。何をやったかというと、海岸べりに木を植えた。ですから、いまでも海岸に松林が残っているでしょう。あれは何かというと、海に日陰をつくる。そうすると、魚が日陰に寄ってくる。それを取って食べて、食べた臓物を山に捨てる。それが山の木の栄養になる。

そうすると、木が茂って落ち葉を落とす。そこへ雨が降る。そうすると、落ち葉を通って地下に水が蓄えられる。栄養のある水になるんですね。それが清水となって川に出る。川に栄養のある水が行って、一定温度の水が海に行く。それにプランクトンが集ってくる。そうすると、プランクトンを食べに魚がやってくる。それを人間が取る。こういう循環です。いまでもそれが残っています。

それを考えないで、岸辺をコンクリートで固めたり、また山の木を切ってしまったりするでしょう。それで魚が来なくなってしまったので、船で沖まで行って魚を取ってくるという方法に変わってしまったんですね。循環、バランスのシステムを壊してしまった。自然というのはそういうふうになっているわけでしょう。生物でもたくさん死ぬけれども、それが肥やしになって、ほかの生物を生かす。全部、この循環です。それを人間が勝手にどこかで止めてしまったから、この地球上はおかしくなってしまったんですね。

水を確保するためにダムをつくろうと言うけれども、いまは逆にダムを壊そうという考え方がありますね。人間の頭では、ダムをつくって湖にすれば、しじゅう水が蓄えられるだろうと考える。しかし、それをやると、山の清水が湧いてこないとか、ダムで川がせきとめられて魚が上がってこない。そうすると、上流の自然が破壊されてかえって水が少なくなる。人間の知識だけでやるから、こういう悪循環をいまやっているわけですね。

だから、いつも言うんです。自然というのはすごいもので、サケが川上で生まれて、川を下って海へ行くでしょう。海で成長して、それがまた川へ上がってくる。なぜこんなことをやるのかということですね。川上というのは淡水だから、海の栄養がないでしょう。そうすると、自然というのはすごいもので、魚を海に下らせる。成長したあと、海の栄養を持って上がってくる。そして川上で卵を産んで、サケは死ぬでしょう。これが山の周りの栄養分になっている。それで木が茂って、また魚も取れる。こういう循環をやっているんですね。

どうして淡水魚と海の魚がいるのか。サケは両方ともやっているんですね。淡水で生まれて海で生活している。成長して体のなかに海の栄養分を持って上がってくる。そして、もとのところで産卵して死んでいく。その死んだ体が岸辺の山の栄養になる。この自然の循環のすばらしさということですね。これを人間の知識だけで全部捨ててしまったでしょう。ですから、もう一度原点に返ろうと言っているわけです。

不景気とリストラをこえて

――なるほど。ところで、社会情勢でいえば、今年もあまり景気がよくないという話が相変わらずありますね。これも循環していないということになるのでしょうか。

これもすべて同じで、何でもかんでも日本の歴史というものを無視して外国の考え方だけでやるから、不景気が回復しないんです。世界でも、日本がなぜ不景気なのか不思議だと言っている国がたくさんあるでしょう。それは、日本人自身がそのことを知らないで、外国の真似をしてこういう具合に景気対策をやったら回復するとか、目先の経済だけでやるから回復しないんです。

日本の不景気というのは、外国の不景気とは違います。日本独特の不景気なんだということに気がついていないんですね。それは、お金がないから不景気になっているのではなくて、日本の場合はみんなお金を持っているでしょう。それなのに不景気なんです。なぜいま不景気なのかということを考えないんですね。これは歴史を考えないからです。

昔から、日本にもたくさん不景気というのはありましたが、昔の人はなぜ不景気が起こるかという原因を知っていたから、見事にそれを克服しています。いまは、それを見ないでしょう、日本人自身が。あれは昔のことだとか、古いとか、非科学的だとすぐ言うでしょう。そうではなくて、日本人の祖先というのはすばらしいことをやっているんだということを、どうして見ないのか。

昔の人は、不景気は経済うんぬんというより、いのちの衰えが不景気となって現れているということを、百も承知していたんですね。だから、景気の回復には、まず、いのちのよみがえりをやっています。いのちがよみがえるというのはどうするかというと、子供にいのちを伝えるということです。新陳代謝と同じで、子供にいのちを伝えて、子供がいのちをよみがえらせるようにする。これしかいのちのよみがえる方法はないわけです。

経済と子供の教育とは違うと言うけれども、子供にいのちを伝えていないから、現在のこの不景気が現れてきているわけです。昔の人はみんなそれをやっていたんです。どうやったかというと、おじいちゃん、おばあちゃんと子供を一緒に生活させて、おじいちゃん、おばあちゃんからどんどん昔話を子供に伝えさせたんです。こういうことをやっていると活気が出てくる。そして、全体の景気が回復してくる。これは本当の話です。

昔はリストラなんかやっていません。リストラをやったら、リストラをされた人はどうなるのか。非常に困るわけでしょう。ですから、そういう人を困らせておいて、残った人だけが幸せになる。こんな世の中は存在しません。だから、おそらくリストラをやった企業というのは将来つぶれていくのだろうと思うんです。やはりみんなが幸せになってはじめて、景気というのは回復してくるのだろうと思います。

昔の人は絶対にリストラをやらない。その代わり、いまいる人にいまよりも二倍とか三倍の力を出してもらう。そういうやり方をして、全体のいのちの活性化ということをやったんですね。そういう本当のことをやっている。私は、それをいまやれと言っているんです。外国の真似をしてリストラをやればいいと言っている高名な経営者がたくさんいますが、これは経営者に能力がないということの裏返しです。リストラをやらないで、いかにしていま持っている力を二倍、三倍に増やせるかということでしょう。

いまの企業でも、不景気をチャンスにしている企業がいくらでもあります。それはどうしてかというとアイデアですね。人々が望むアイデアを考えだす企業があるでしょう。そうすると、不景気が自分の会社の景気になってしまう。そういう会社はいくらでもあります。そういうことをやらないで、ただ不景気だと不平ばかり言うから落ちていってしまうんですね。

だから、昔の人がやったようにやっていくことです。何でもすべては神さまの導きなんだから、不景気を自分のプラスにすることです。不景気こそ本当のことが現れる時代なんです。景気のいいときというのは偽物が多い。だから、いまこそ本物が現れてくる。いま人々は潜在意識のなかで本物を望んでいるんですね。みんな本当のことを望んでいる。それにアピールすれば、景気はよくなるんです。

人の幸せのために生きる

この春日大社も、これだけの伝統と歴史があるから、観光客がたくさん来ていました。その収入で十分やれたんです。ところが、バブルが崩壊したらそうはいかない。それに気がつかないで、まだそのままでいたんです。このままだと春日大社はつぶれてしまう。この不景気をプラスにしよう。神社の本来の姿に返ろう。私はこう考えたわけです。

神社というのは、神道というものを人々に伝えるところである。日本人のいろいろな悩みにこたえてあげるというのが、神社である。そういう本来に返ろうということで、ご祈禱でも何でも誠心誠意やりなさい。ここへ来た人たちが本当に来てよかったというご祈禱をやりなさいということで、僕はリストラの逆をやったんです。

いままでは神職二人、御巫一人でご祈禱をやっていました。これをいまは神職四人と、巫女三人で、倍に増やしました。そして誠心誠意ご祈禱をご奉仕するようにしたら、ご祈禱を受けたいという方が増えてしまって、いまは北海道や九州からも来るようになっています。だから、僕はリストラの逆をやったわけです。その代わり、人々の求める本当のことをやろうと。企業も、本当のことをやらないからつぶれるんですね。

――そうですね。あちこち見ていても、しっかりした考えがあるというよりも、あそこがリストラをやっているからうちもやるとか、そういうのが多いようですね。

その職業ごとに、本当のいのちというのがあるでしょう。たとえば銀行だったら、企業にお金を貸して、企業が運営できるようにするのが銀行ではないですか。それをバブルのときにやめてしまって、おのれの利益のために不動産投資をしたりしたから、崩壊してしまったんでしょう。本当のことをやっている企業は、バブルがはじけてもビクともしません。そういう本当のことをやりなさい。そういう時代だと言っているんです。いまは大嘘ばかりです。

ですから、本当のことをしなければいけない。神さまのお知らせだなということに気がつきなさいと言っているわけです。そういうことに気がつかない前に景気が回復したらダメだと思います。道を間違えます。だから、とことんまで不景気になって、なるほどこれはいままでのやり方は間違っていたということに気がつくことです。そういうことに気がつけば景気が回復すると思います。

そのためには、リストラをやった企業がどうなるか、みんなで見ていましょう（笑）。

——そうすると、景気回復の妙法というのは、本当のことに気がついて実践していくということですね。

そういうことです。すべては循環、バランスです。日本は循環ができていないでしょう。お金は持っているけれども、お金が循環しないから、不景気になっているんでしょう。だから、そういう目先の欲ばかりに走らないで、そういうときだからこそ本当のことをやりなさい。こう言っているんですが、現実はまだまだ程遠いですね。

——我欲でやってしまうというか、そこが問題ということでしょうか。

本当にそうですね。これでは自分で自分の首を締めてしまうわけでしょう。大事なのは、本当に日本人は人の幸せを考えれば自分が幸せになるという考えをもっていたんですね。

これが非常に大切です。どうやったら人が喜んでくれるかということを考えなさいと、いつも言っているんです。

すべては循環とバランス、それから人の幸せのために生きる。これが原点です。そういう意味では、植物というのは自分のためには生きていない。自分が死ねばほかのものの肥やしになる。ほかの生物のために生きているようなものです。花を咲かせるのも、自分のために咲かせているわけではないんです。我欲で咲かせているわけではないでしょう。そういう植物の生き方というのはすごいと思うんですね。我々も見習わなければいけません。

第三章　日本医学と西洋医学

五感の不思議

——最初に、人間には視・聴・嗅・味・触の五つの感覚があるといわれますが、この五感の不思議というところからお話をお願いしたいと思います。

人間に限らず動物でも、五感を持っている動物はたくさんいます。たとえば犬とか猫とか、ああいう動物の五感というのは、人間よりも非常にすぐれた部分があります。たとえば犬の嗅覚というのは人間の一万倍強いとか、聴覚も非常に小さな音が聞けるなど、そういうすごい能力を持っています。

そういうと、動物の五感の方が人間の五感よりもずっと優っている、と思われるかもしれませんが、実はそうではないのです。動物というのは、それをただ感じるだけだと思います。犬の嗅覚のすばらしさは、よくテレビなどで警察犬として犯人探しで活躍するのをご覧になったことがあるでしょう。しかし、それだけなんです。五感で感じるところで終わりです。ところが、人間の五感というのは、そのほとんどが他の動物たちよりも劣っていますが、しかし全体でものを感じるというか、総合して理解することができる。これが人間と動物の大きな違いだと思うんですね。

たとえば味覚というのがありますが、人間の場合は見た目、つまり視覚も使うし、匂いもいいとか、舌触り、触覚もあります。すべてのものを総合しておいしいという味を味わう。そういうふうに人間の五感というのはできていると思うんです。

そして、ただ知る、感じるというのではなくて、すべてに自然の気というか、テレパシーというものを感じて、それを通して、自分の持っている我欲を祓うように、そのために、神さまは人間に五感を与えられたのではないかと思うのです。

だから、すばらしい自然を見て、本当に美しいということを感じ、それによって自分の持っている我欲を消そうとする。この消すというのは、外国人のように除去しようという意味ではなくて、神の姿、美を見ることによっておのずと消えていくということです。そうした働きが祓いだと思います。すべてそういう仕組みの上に人間というものはできていると思うんです。

すばらしい自然の姿に神を見、また耳から自然のすばらしい音や音楽を聞き、そして匂いというよりも自然の香りを聞いて祓うということが大切ですね。春日大社でも、神さまが出御《しゅつぎょ》される遷座《せんざ》祭《さい》の時などでは必ずお香を焚きます。自然の香を焚いて清める、祓いをするということをやっています。これは、その場を清めるのと同時に、奉仕する人たちの我欲をも祓って素晴らしいお祭りにするための古来よりの配慮だと思うんです。

味でもそうです。本当の自然の味を味わって、味覚から我欲をなくす。触覚でもそうですね。自然のものに触れる。神社ではとくに水で祓うということをやりますが、清らかな水に触れるという触覚を通して、水のすばらしい力を得て、それで祓おうということです。そういうことのために人間に五感というものが備わっていると思うんです。

しかし現在ではそのことを全部忘れて、我欲のために五感を使っているから、おかしくなる。人間がつくった音、それから言葉とか情報とか、そういうものを通して音を聞いているから、いわゆる我欲ばかりがたまっていろんな不幸が現れ、病気が現れてくるのだと思います。何のために人間に五感が与えられたのかという意味を、いまの人は全部忘れてしまっていますね。

ものの見方について――二十シーシーのミルク

――そういう意味で言いますと、ものの見方とか、捉え方、そういうものがやはり重要だということでしょうか。

ええ。大切だと思いますね。ところで日本には言霊信仰《ことだましんこう》というのがあります。いわゆる言葉には魂があって、悪いことを言えば不幸が現れ、いいことを言えば幸せになるという信仰のことですが、これは本当のことです。現れた現象をどのように見るかということが大切であって、そこから言葉が出てくる。同じことでも、見方によって善にもなれば悪にもなってくる。悪いこととか、いいことというのは存在しなくて、人間がどのように感じるか、それをどう表現するかによって、その性質というのが出てくるのだと思います。

これもまた前にお話ししたと思いますが、たとえば赤ちゃんの手術をするとします。私の手術は七時間くらいやるから、翌朝、病室を回診したとき、新米の看護婦は、たとえば赤ちゃんがミルクを二十シーシー飲んだとすると、「先生、二十シーシーしか飲んでくれません。どうしましょうか」と不安そうに言う。そこにお母さんがついているから、お母さんが心配しはじめる。そうすると、なぜか赤ちゃんの容体がどんどん悪くなっていくのです。

ところが、ベテランの看護婦になると、「二十シーシーも飲んでくれてよかったですね」と言うわけです。そう言うと、お母さんが「よかった」と思い、そのこころが赤ちゃんに伝わるのでしょうか、赤ちゃんはどんどん回復していきます。同じ二十シーシーなんですが、見方によって、そして言い方によって赤ちゃんの手術後の状態は、天と地の差が出てきます。

どうしてそうなるかというと、新米の看護婦は、赤ちゃんは一日にこれだけミルクを飲むんだという基準がある。それにあてはめると、「二十シーシーしか」という言葉が出てくるんですね。ところがベテランの看護婦になると、七時間の手術をすれば、大人でも翌日は水を飲む気力もない。それなのに、赤ちゃんが二十シーシーも飲んでくれたということは、それだけ回復力が出てきたということだから、「二十シーシーも飲んでくれてよかったね」と言う。その言葉の違いがお母さん、そして赤ちゃんに伝わり、悪くなったり、ぐんぐんよくなったりしていくのです。

これが見方というか、言霊ということのよい例ではないでしょうか。ですから、見方によって物事というのは全く変わってくるということなんですね。たとえば不景気でもそうです。不景気をどのような観点から見るかによって、天と地ほどの差が出てくる。たとえば、バブルでもうかったときのことを基準にしていまを見れば、それは不景気、景気が悪いということで不平不満を言うことになります。

ところが、我々のように、戦争で食べるものも着るものも何もない時代を経験した者にとっては、それを基準にして現在を見ると、今がいかにものが豊富で、もったいない、ありがたい世の中かと思えるわけです。だから、何を基準にして見るかによって、ものごとというのは変わってくるんですね。

苦難を経験した人は出世するとか成功するとよく言われるのは、苦難を経験したことを土台として物事を考えるから、すべていいように考えられる。あのときよりはいいということで、成功していくのだと思います。しかし、常に裕福な、幸せな生活しか経験していない人は、それを基準としてものごとを考えるから、すべてのものが悪に見えてくる。そうすると、だんだん自分の人生が不幸になってくると思うんです。ですから、すべてものごとというのは見方ですね。見方によって、どんなふうにも未来が変わっていくものだと思います。

また、私は不景気というのは神さまのお知らせであると思っています。景気のいいときには、どんどん山の木を切って自然破壊が行われ、そこにホテルとか、ゴルフ場とか、あとさきを考えないでいろいろできてきました。ところが不景気になったためにそれが止まった。これによって自然破壊が防がれたわけでしょう。これはすばらしい神のお知らせではないかと思うのです。

もし、あのまま好景気が続いていたら、おそらく日本の山々は丸坊主になってしまったところですが、景気が悪くなったために、なんとか自然が残った。そういう見方をすれば、不景気もまたよしということになるでしょう。そしてこの不景気もまたよし、ということに気がついた時、その時はじめて景気というものは回復していくのではないでしょうか。不平不足を言っている間は景気はなかなか回復しないでしょう。それに日本人が気がつくか気がつかないかの違いなんですね。すべてものごとは見方によって違う。こういうことに早く気がついてほしい。不平不満ではなくて、感謝の心に一日も早くなることですね。

逆境を克服する法

――なるほど。どう見方を変えるかということが大切ですね。

お寺の法話を聞きにいくと、よくお坊さんが荷車の話をすることがあります。これは旅人が二人歩いていたら、荷車の片方の車輪が壊れて困っている人が道端にいた。一人は、「車が壊れてしまって大変だな」と言った。もう一人は、「一つだけでよかったね。二つ壊れなくて一つだけだから、直せるんだからいいね」と言ったという。これはたとえ話ですが、一つ壊れて大変だなと思うのと、一つだけでよかったなというのとでは、天と地の違いが出てくるという、そういう話をお坊さんがたとえ話でよくしますが、私もものごとというのは全くその通りだと思います。

病気でもそうですね。病気をして、病気だと嘆く人と、病気のために、あるすばらしいことを悟ることができたという人がいます。そうすると、病気がプラスになっていく。そういう人もたくさんいます。ですから、病気も必ずしも不幸ではないのです。

私も若い頃、結核で血を吐いて死にそうになった。そしてそのときに、神の世界を見ることができた。もしこれを経験しなかったら、今の私はありません。そうすると、血を吐いて死にそうになったということも、神の導きだなと思うんですね。そうしたときに不平不満を言って落ちていくか、それともそれに気がついて「ああ、よかったな」と思うかによって、人生は天と地ほどの違いが出てくるものなのです。

しかし、いまの日本というのは逆をやっているでしょう。すべてのものを悪く見ている。とくにマスコミは、悪いことでなければニュースではないと思われるほどの内容で報道しています。そこでこれ以上悪く言えないというぐらい誇張して言っていますね。このために日本の国がどんどん不幸になっていく。これに気がついていないんですね。

見方によって変わるんだから、これをいいほうに報道してくださいといつも言っているのですが、それでは視聴率が落ちるとかニュースにならないとか、ただそれだけの企業側の理屈のために悪く言うという、とんでもないことになっているわけです。

――マスコミも考えなければいけませんね。

相撲も終わり、先に武双山が優勝しましたね。その優勝インタビューで、「武双山関もケガが多かったので、ここまで来るのが大変でしたね」というアナウンサーの言葉に対して、武双山は「本当にそうでした。怪我が多くて大変でした。でも怪我があったから、いまのこの自分があるんだと思います」と言っていましたが、それは本当にすばらしいことです。そう思える人はたいへんすばらしい人だと思います。オリンピックでも、金メダルを取った選手で、順調に伸びてきた人はほとんどいません。とんでもない挫折を味わっているんですね。それを自分のプラスにして克服した人だけが、金メダルに近づいていく。そうでない人は、挫折で嘆いて、それで落ちていく。そういうことではダメなんですね。

武双山という力士は、ケガをして、そのあと努力してケガを克服しようと思ったから、優勝に結び付いたんですね。それに気がついている人の態度というものは、見ていても清々しく、とても立派に見えるものです。こうした人はこれからもずっと伸びていくのではないでしょうか。そうすると、ケガもまたよしということになるんですね。

日本医学のこころ

――ところで宮司はお医者さまでもいらっしゃいますね。西洋医学、日本医学と簡単に言ってしまいますが、そのあたりに大きな違いというものがあるのでしょうか。

私は外科の医者なんだけれども、西洋医学をやっていたんじゃなくて日本医学をやってきたといつも言うんですね。日本医学をやるというと、漢方に対する和方をやったと考える人がいますが、そうではなくて、患者さんに対する見方というものが西洋人と日本人とは違うんです。その日本人の見方からの治療をやってきたということなのです。

どういうことかというと、たとえば私は今までに体にいろいろな変形を持った赤ちゃんの手術をたくさんやってきました。とにかく顔面の手術が多いのですが、その時、そこにあるべき組織がない。そうすると、西洋医学の場合には、それは組織が不足しているんだと考えます。それで、どこかから組織をもってきて足せば回復すると考え、そうした手術を行います。

ところが、古来から日本人は、自然とともに生きる生活を行っていますから、神さまがそういう不足したという姿で人間をつくることはない。それは、不足しているように見えているだけであって、ただ形が変形しているだけだと考えるわけです。私もそう思い、そういう立場から手術を行ってきました。

そうすると、同じ手術の方法なんですが、見方の違いによって結果が全然違ってくるということを、私はずっと経験してきました。とくに私は、日本人を手術しているのだから、やはり日本人の見方で日本の医学というものをやらなければ、手術を受けた日本人が本当に幸せにならないと思ってきました。実際、どこかから取ってきたものを足せば簡単に手術ができるかもしれませんが、私はそれはやらないで、変形した部分の位置を変えることによって正常な姿に戻そうとしたわけです。このほうがむずかしいんですが、そういうことをずっとやってきたわけです。

それから、西洋医学の見方は、医者が自分の実力で患者を幸せにしようということで治療が行われており、たいがいの人はこれを当たり前のことだと思っています。しかし、日本人はそうではなくて、人生はすべて神さまのお導きによって生かされている。だからなにごともさせていただくというのが、日本人の本来の生き方なんですね。だから私は、医者として自分の力で手術をしようと思ったことは一度もありません。すべて神さまのお導きで手術をさせていただくということで、手術をしてきました。

また、患者が私のところへ来るというのは、患者自身の意思で来たのではなくて、神さまがこの患者さんをここに導いて来られた。私は本当にそう思ってきました。ですから、必ずこの患者さんは幸せになる。神さまのお力によってきっと治ると信じて、患者に接し治療を行ってきました。

ですから、普通のお医者さんが二時間でやる手術を、私は七時間とか、ときには八時間くらいかけてやってきました。それは、患者さんと一つになって、とことんまでやるべきことをきちんとやる。神さまのお導きを信じて一生懸命になってやると、それぐらい時間がかかるんです。時間をかけてじっくりやろうというのではなくて、本当のことをやるとそれだけの時間がかかってくるということですね。

手術も大変な手術をやりました。いつも言っているように、顔の手術というのは、一ミリ違えば話にならない。一ミリの何分の一というところで手術をするわけです。もちろんそんな細かい手術は拡大鏡を使わなければ見えないので、はじめのうちは拡大鏡を使いますが、二時間、三時間と精神を集中して手術していると、何とこの一ミリが一センチくらいに大きく見えてくるのです。これは事実です。そこまでいくと、本当の手術ができてくるようになります。

昔からよく仏教のほうでも、米粒に般若心経を書いたとか、そういう話があるでしょう。普通どうして書けるのかと思うんですね。常識では書けないでしょう。しかし、おそらくそれだけ精神が集中できると、米粒が非常に大きく見えてくるのではなかろうかと思うんです。

現に私だけではなくて、私の前に立ってずっと一緒に手術を行ってくれた婦長も同じことを経験しています。拡大鏡なくして二人でコンマ何ミリの手術ができるということをずっと経験しています。だから私は、見えるというのは、目で見ているというよりは、むしろこころで見ているのだと思うのです。

――一ミリが一センチに見えるというのはすごい話ですね。

ええ。一ミリの何分の一というと、針を二回刺すということはできないでしょう。一回刺すともう穴が開いてしまいますから、二回刺すことはできない。一回で完璧な糸を通さなくてはいけない。そこに理屈を超えた世界があるわけですね。それでやらないと、本当に正しく皮膚を縫うことはできない。ただ縫ったらいいというのではないんです。

例えば、唇というのは厚いから、その表面の皮膚だけ合わせてもダメなんです。やはり下の層まで全部同じところがくっつかないと、正常の姿になりません。しかしそういうことは計算してできることではないので、針を刺すところによって、同じところが合うか合わないかが決まってくるわけですね。こうしたことは全部、理屈を超えた世界のことで、この理屈を超えたレベルでの手術をやらないと、本当の手術とはならないのです。

ところで顔というのは、皆さん当り前に考えていますが、これはまさしく神がつくられた神秘の姿そのものだと私は感じています。たとえば鼻の変形の子供をたくさん手術してきましたが、この鼻の丸みだとか、鼻の穴の形というのは、絶対に人工的にはつくれないですね。どうしても不自然さが残る。どんなに一所懸命やってみても、だいたい八割くらいしかできなくて、あとの二割くらいの不自然さというのは残ります。そこに、やはり人間の力を超えた神の世界というものを感じるのです。それは人間の力ではできないから、どうするかというと、自分が神に近づく以外できないわけです。

だから、神に近づいて、神に導かれる無我の手術をやればできるだろうということで、私は神に近づくということばかりやったんですが、そんなことなかなかできるもんじゃない（笑）。しかし、やっと六十三歳のときでしたか、もう体力も視力もすべて衰えたときに、はじめて百パーセントとまではいかなくても、神に導かれる手術を初めから終わりまでやることができたのです。

そのときの結果というのは、よくもこんなにすばらしい結果が出るのかと思うほどのすばらしい結果が出ました。やっとこれで思うような手術ができた。これからはこういう手術ができるかなと思ったとたんに、運命に導かれて私は枚岡《ひらおか》神社の宮司になったんです（笑）。神さまというのは、こういうことを医者で経験させておいて、神職にしたのかなと思うくらいですね。ここに神の導きのすごさということをつくづく思い知らされました。

ね。

化粧かぶれと老人ボケ

――人間の体と自然の仕組みというのは、非常に関係が深いと宮司はよくおっしゃっていますね。

そうですね。いまの医学は、病院に行って検査をしてもらって診断して、それで薬とか、いろいろな治療が行われていますが、私はこれだけではダメだと思います。根本的に人間の体というのはどういう仕組みでつくられているかということがわからなければ、これをわからずして、本当の治療というものはできない。ただ検査と治療と薬だけではダメだと思うんです。

いま、医学が発達すればするほど病人が増えてくる。医療費が国家予算をゆさぶるというとんでもない状態になっているでしょう。これでは本末転倒で、本当の健康というのは、まず人間の体というのはどういう仕組みにできているのかということを知ることから始めるべきだと思います。

それはつまり、いつも言っているように、この宇宙というのはすべて循環とバランスの仕組みになっていて、人間の体というのはもちろん宇宙の縮図ですから、循環とバランスによってできているわけです。その循環とバランスが乱れたときが病気なんですね。

動物はすべて自然のテレパシーというか、自然の気を受けて、それに順応して生きています。当然、人間もそうです。ですから、まず人間が自然の気を知るというか、テレパシーを感じるということが必要なんですね。それに順応していくと、循環とバランスの仕組みで健康に生きられるという仕組みになっています。

それを非科学的だとか何とかと考えて、すべて人間の知識だけで生きようとする。それで医学をやろうというから、間違ってくるんだと思います。だから、すべて我欲を捨てて、自然の気を聞きなさいと私は言っているんです。

ところで現在、老人ボケが社会の大きな問題になってきていますが、このボケと女性の化粧かぶれは同じだという話をよくしているんです。人間の脳というのは生物のなかでいちばん大きい。そして、この脳のなかに十億とか十数億という脳細胞がありますが、いま人間が使っている脳の細胞はその三パーセントから五パーセントぐらいです。それぐらいしか使っていない。ほとんどの脳細胞は使っていないんですね。

しかし、神さまが必要でない脳細胞をつくるはずがない。必要だから十数億という脳細胞をお与えになったはずです。それではその人間が使っていない脳細胞はどういう作用のためにあるのかというと、これはすべて自然の気を受けて、それを知って順応するための、そのための脳細胞だと思うのです。ところが、現在はそれをやっていないから、ほとんど使っていない。

そうすると、使わないものは消えていくというアポトーシスという厳然たる仕組みが、細胞のなかにあるわけです。だから、使わないと消えていく。病気をして一カ月でも寝てごらんなさい。足が細くなって歩けなくなるでしょう。あれは足を使わないから、足の細胞が消えていってしまうんですね。それと同じで使わなければ消えていくんです。

ですから、どんどん脳細胞も消えていってしまう。いわゆる老人ボケ、アルツハイマーと呼ばれる人々の脳というのは非常に小さい。老人ボケというと、年を取ってから急にぼけると皆さん思っていますが、それは違います。若いときから、自然の気を受けるということをやっていないから、若いときから脳細胞がどんどん消えているんです。

——そらおそろしい話ですね。

ええ。だんだんと小さくなっていく。その症状が年を取ってから出たということに過ぎないんですね。

そのわかりやすい例が、女性の化粧かぶれです。私も化粧かぶれの患者にずいぶん接しましたが、「あなたがいま使っている化粧品が悪いから、それを変えてください」と言うと、「先生。それは違います。私は長年この化粧品を使っています。でも、一度もかぶれたことがありません」と言うんですね。

そうではなくて、長年使っているから、化粧にかぶれる体質が少しずつ体にできてくるんですね。それがある値いを超えたときに、はじめてかぶれの症状が出てくる。だから、

万燈籠と中門

今日塗ってすぐかぶれるということはないんです。その体質がどんどんできてきて、ある域を超えたときにかぶれの症状が出るということです。

脳のボケもそうです。若いときから脳の細胞が消えていって、ある年齢に来たときにそのボケの症状が出たということに過ぎない。ですから、年を取ったからぼけるということではないんです。若いころから自然の気を体で感じて、それで生きるということをやらないとぼけてしまうというのは、本当だと思います。これを全然知らないで、ぼけてからボケ防止とか、そういうことではもう遅いんです。若いときからやらなければ遅いということです。

真の健康法とは

病気もすべてそうですね。その病気が起こってから治すのではなくて、病気というのは長年の不養生から起こってきているものだから、まず日常の生活を正しくしていくことからやらなければ、健康などというのはありえないんです。

世間では健康法というと、やれジョギングをしたほうがいいとか、こんな健康食品を食べたらいいとかと言う人がたくさんいますが、それは二の次の話であって、まず根本的なことをやらなければいけない。それはつまり、いったい人間と動物とはどこが違うのかということを知ることです。

人間と動物との大きな違いというのは、脳と、手をどのように使うかということです。そしてもう一つ加える必要があるのは足です。というのは、動物はみんな素足で土の上を歩いているから、土からエネルギーを受けているでしょう。ところが、人間は靴を履くようになっていますから、このごろは地面に接するということがほとんどない。子供でも接することがない。そうすると、地からのエネルギーを受けていないということなんですね。

ところで脳を活性化するためには手をもむ、手にあるつぼを刺激することだとよくいうでしょう。手の経脈は脳に通じている。だから、手の指をよく使う職業の人はボケが少ない。だから、若い時から手をよく動かせと、そう言いますが、もう一つあげるならば、足の裏を揉むということですね。漢方では、足の裏には、いのちにつながる大切なツボというのがたくさんあります。それは別に漢方だからというのではなくて、足から地のエネルギーを得るということの表われです。いわゆる国つ神ですね。そしてエネルギーというものは常に動いているわけですから、毎日足を揉むということが健康のためにはとても効果的なのです。ところで自分の足の裏を触ってみたらわかりますが、だいたい足というのは冷たいですね。けれど本当は冷たいといけないんですね。

——温かいほうがいいんですか。

ええ。温かくなるまで毎日揉むということが大切なことですね。私も毎日揉んでいます。

よく指圧で、湧泉《ゆうせん》、いのちの泉というツボがあります。昔、浪越徳治郎《なみこしとくじろう》という指圧の先生がいましたが、その人が、「指圧のこころは親ごころ、押せばいのちの泉湧く」と言ってましたね。お聞きになった方もいらっしゃると思いますが、それが足の裏にあるんです。これはツボというよりも、ここから地のエネルギーが入ってくるという場所です。ですから、手と足を十分使う、動かすということが、いわゆる健康法の基本です。人間の体の基本ですね。

——それはつまり新陳代謝を促しているということですね。

ええ。そういうことを無視して、ただ自分一人で栄養のあるものを食べても、それは話にならないということですね。循環をよくするには、いつも手足を摩擦してやる。毎日摩擦をしてやる。そういう基本的なことが大切なんです。そして、自然の気を感じて、生かされていることに感謝をする。こういう基本のことをやらないで、いくらいろいろな健康法をやっても、それは意味がない。本当の健康にはつながっていかないということだと思います。

——なるほど。ところでそういうところでいいますと、肝臓についても以前お話をされていましたね。

ええ。肝臓もそうです。肝臓というのは何をやっているのかというと、食べたものを腸から吸収してグリコーゲンとして蓄える。いつも話しているように、それを必要なときに糖に分解して、その糖を酸素で燃やして、エネルギーをつくっているわけです。

そのグリコーゲンとして蓄えるのも、グリコーゲンから糖に分解するのも、いまの我々が生きている酸素の仕組みではなくて、酸素のない三十八億年昔の祖先の生き方でやっているわけです。だから、祖先の生き方と現在の生き方というのは肝臓でつながって、循環しているわけです。ですから、祖先の生き方、酸素のない仕組み、いわゆる発酵ですが、これがないと我々のエネルギーである糖ができてこない。これがみんなわかっていないんですね。

私が博士号を得たのは、傷がどのようにして治るのかというテーマで学位をもらったんです。つまり、傷が治るにはまず最初はどうなるのかというと、傷をすると出血してはいけないということで、出血を止めるよう傷の周辺の血管が収縮します。そうすると、そこに血液が行かなくなる。当然、腐ることになるでしょう。そうすると、瞬間的に三十八億年昔の記憶がよみがえるわけです。

そして、傷の周りのある部分だけは、酸素を使わないシステムに変わって、傷を治そうとする。そういうすばらしい仕組みが現れます。見ていると、その周りにグリコーゲンが瞬間的に集まってくる。それを糖に変える。いわゆる発酵のエネルギーで治そうということに変わるんです。

そしてある程度治ってくると、再び、糖を酸素で燃やすという仕組みに変わってきて、回復する。ですから、この祖先の仕組みがなければ、傷も病気も治らないということなんです。それを肝臓でやっているんですから、まず祖先に感謝しなさいと言うんです（笑）。そうすると、祖先に感謝なんてそれは宗教だとすぐに言う人がいます（笑）。宗教ではないんです。そういう仕組みが人間の体のなかにはできている。祖先の仕組みで生かされている。これに気がつきなさいと言うのですが、最近の人は何でも宗教だと言うでしょう。けれど宗教でも何でもない。本当のことなんですね。

――祖先のいのちが今の我々に伝わっていると。

ええ。私は講演会などでよくお話しをするのですが、祖先の守りのない人、あるいは祖先からの恩恵を受けている人は、すぐわかりますね。やはり回復力が違いますね。例え話ですが、交通事故で車と車がぶつかる。これはもう理屈ではないです。ぶつかる瞬間なんていうのは、理屈を超えたことでぶつかるわけでしょう。

その時、祖先の加護がある人は、こんなすごい怪我でよく助かるものだなと言われて回復する。ところが、祖先の加護がない人は、どうしてこんな傷でと言われるくらいの傷で死んでしまう。これはもう理屈を超えた世界です。ぶつかった瞬間に、生きるか死ぬかが決まってくるわけです。これはもう理屈ではないですね。そこで、祖先の加護があるかないか、そのありがたさというのがわかるわけです。

事故を起こしてから祖先に頼むというのではなくて、普段から神仏に感謝していなければ、そういうときには現れてこない。すべてそうです。先ほど化粧かぶれの話でも言いましたが、普段悪いことをやっていると当然出てくる。逆に普段からいいことを積み重ねていれば、それが出てくる。この普段が大切だということですね。それが陰徳《いんとく》です。すべてそれにつながりますね。

ガン治療と遺伝子組み換え治療

——最近は、ヒトゲノムの解明が進んでいるとか、遺伝子治療とか、医学の世界も急激に変わりつつありますね。

ええ。しかしアメリカでは今、遺伝子組み換え治療というものを禁止しようという議論が盛んにされています。遺伝子治療はアメリカがいちばん発達しているわけです。野菜や果物が遺伝子操作によって大きなものができるとか、丈夫なものができるとか、たくさんできるとか、みなさんそれはよくご存知のことと思いますが、人間でも遺伝子の組み換えよって病気を治すことが可能になっているのです。

たしかに病気が治ることはいいことだとやってきたのだけれども、しかしいったいそれがどのように次世代に伝えられていくのかということに気がついたんですね。遺伝子を組み換えるために、現在ではなくて次の世代が非常に危険になってくるのではないかということに気がついたわけです。だから、遺伝子をむやみに組み換えてはいけないと遺伝子研究の先進国であるアメリカが言い出した。

それが本当だと思うんですね。遺伝子というのは、おのずからそういう遺伝子ができてきたのだから、それを無視して人間の力で遺伝子を組み換えるというのは、とんでもない不自然なことではないかと思うんです。これほど自然を無視した治療法というのはないわけでしょう。

以前から、医学は日進月歩といわれ、病気の治療法も昔とは違いどんどん変わってきていますが、私は果たしてそれが医学の進歩なのかどうか非常に疑問に思っています。

例えば、私が医学部を卒業する頃は、肺結核の空洞にピンポン玉を埋め込む治療が盛んに行われていましたが、それが医者になって二、三年経った頃には、この治療は間違いであったということで、今度はその埋めたピンポン玉を除去する手術が盛んに行われていました。これを見て私は、ピンポン玉を埋めるという間違った治療を受けた人はいったいどうなるのかと、非常に疑問に思いました。

また以前は胃潰瘍が見つかると、これは将来ガンになるということで、胃の切除が盛んに行われていました。しかし現在では、潰瘍は薬で治るという時代になり、よほど重症でないかぎり、胃潰瘍の手術はあまり行われなくなってきました。これも考えてみれば、ガンになるという恐れで胃の手術を受けた人はいったいどうなるのか考えざるを得ません。

これも医学の進歩だから仕方がないことだと言えるのでしょうか。

ガン治療でもそうですね。いままでは早期発見・早期治療ということで、やってきたのだけれども、本当のガン治療というのは、そういうことではなくて、もっと始めの段階が大切だと考え方が変わりつつあります。

ガンの治療についても、ガンというのは自分の体にとって異物であるから、本来の白血球がガン細胞を壊していくという免疫作用によってこれを死滅させようと、自然治癒力を高めて治そうという方向に少しずつ変わりつつあります。

人間の身体は免疫作用によって守られています。ところで、免疫作用は大まかに二つに分けられます。一つは、ばい菌などの異物が血液の中に入ってきた時、リンパ球の中のB細胞という細胞が抗体を作って異物を無力化してしまう。これを液性免疫といいます。

もう一つは、ビールスが体に入ってくると、ビールスは自分で増殖する力がないので、細胞の中に入って、細胞の核を利用して増殖します。そのため、液性免疫のB細胞ではビールスがどの細胞の中にいるのか判断できませんので、リンパ球のT細胞という細胞がビールスの入っている細胞を判断してこれをやっつける作用があります。これを細胞性免疫と言います。ガン細胞はガンビールスによって細胞の核の破壊でできますから、当然T細胞でなければ、これをやっつけることはできません。

そしてT細胞というのが、どうしてできてくるのかというと、人間の胸の上に胸腺というものがあって、そこでこのT細胞を教育しているのです。子供の頃はまだ教育ができておりませんから、異物と自分のものとの区別ができませんが、ここで自分と自分以外のものとを区別することを教育されたT細胞が、ビールスが入っている細胞を見つけ出し攻撃するのです。

以前、我々が医学教育を受けた頃は、胸腺というのは子供の時だけあって、成長するとこれは機能しなくなると言われていましたが、現在では六十歳近くまで機能して自分以外のものを識別するT細胞の教育を行っていると言われるようになってきています。つまり自分にとって味方になるもの、そして自分の体に害のあるものをはっきり区別できることによって、体は守られているのです。

このT細胞の教育は、人間が正しい生活を続けることによってのみ、祖先から伝えられた胸腺の働きが十分に働いて行われ、人間の体は守られるのですが、現在のように薬漬けの治療をしたり、また神さまや祖先に感謝する人間本来の生き方を忘れて、利己的な理屈だけの生活をしていると、T細胞の教育ができずに、ガン細胞が増殖するのではないかと私は考えています。

ところで、この胸腺がT細胞を教育するのは、母親が子供を教育するのと非常によく似ています。胸腺にべったりとくっついたT細胞は死滅します。また、胸腺から離れていった細胞も死滅します。胸腺にくっつくでもなく、また遠く離れるのでもなく、ある距離をおいて教育されたT細胞のみが生き残るのです。これはまさに現在の日本の母親の子育てそのものです。すなわち、母親べったりに子供を育てれば正常な子供には育ちませんし、その反対に、母親から全く遠ざかった子供も正常には育たないのです。自然の仕組みというのは、子育ても、体の仕組みも全く同じだということが、ここからも分かるわけです。

少し話がそれましたが、ですから、ガンの本当の治療というのは、早期発見・早期手術ではなくて、免疫作用を高めてT細胞によって自然に撲滅することだと思います。またそういう時代が二十一世紀には来るだろうと、いま医学界では言われています。それが本当の治療ですね。だから、遺伝子組み換え治療などというのは言語道断だと思います。

クローンというのがあるでしょう。あれは神を冒瀆した恐ろしいものですね。いのちが伝わるということを考えていない。現在だけのことでやるわけでしょう。そうやって換えていったものを子孫が受け継いでいったら、どうなるのかということを考えていない。一人でもそんな子供が生まれれば、その遺伝子はずっと続くんですね。そういうことを考えていないんですね。次々にいのちが伝わっていくということを全然考えていない。自分だけのことを考えているわけでしょう。それをどうして考えないのかと、私はいつも思うんです。

遺伝子というのはどういうものなのか。いのちは伝えるものである。ところが、いのちというと、自分が生きるいのちのことばかり考えているんです。そうではなくて、それは子供や子孫に伝えるものだということを忘れているんですね。だから、自分一人で勝手な生活をしているわけです。

——やはりいのちを伝えていくということを考えたら、自分一人のいのちではないということになりますね。

その通りです。結局、我々はお母さんの一個の卵細胞から全部できているでしょう。卵細胞が分裂して子供の体というのはできていきますから、もしお母さんの卵細胞が弱ければ、弱い子供ができていくわけでしょう。だから、お母さんというのは健康で正しい生活をしてくれなければ弱い子供が産まれるというのは、当り前なんです。しかし、だれもお母さんの卵細胞で体ができているということを理解していないんですね。我々の体で、お母さんの卵細胞以外のものというのはどこもないんです。

祓いと病気

——先ほど祓いについてお話しをいただきましたが、それは今の医学の話ともつながってくるかと思います。ここでは病気と祓いということについておうかがいしたいと思います。

西洋医学は、病気というのは実在するんだという考え方からできていますから、実在するものは除去しよう、征服しよう。そういう考えを根本として、西洋医学というものはできています。一方、日本人は祓いなんです。罪・穢れというのは存在するわけではない。それは、神さまからいただいたすばらしい体が見えなくなってしまったような状態、あるいはいただいた気を枯らしてしまうような状態というのが、病気なんです。

それは、あくまでも我欲である。我欲を消せば健康になるということが、祓いの精神でしょう。我欲を消すというのは、我欲を手術で取り除こうとか、そういう考えではないんですね。

我欲というのはもともと迷いなんだから、それを祓うということです。神さまのいい言葉というか、五感で祓おうということですね。ですから、神の言葉を与え、清らかで生命力のある水に接すると、もともとないものだから消えていく。これが祓いであり、日本人の医学なんです。だから、日本人の医学というのは取り除こうというのではなくて、消そうというわけです。すると健康な姿が現れてくるということです。

西洋の場合はそういうものではなく、悪いものがあるんだからそれを取り除こうという考えなんですね。ところが、いまは何でも西洋が正しいということになっているから、取り除くというほうが正しいと思っているわけでしょう。だから、ガンでも早期発見で早期手術をして取り除こうとするんですね。

ガン細胞というものは何かというと、祖先からのいのちを伝えないで、正しい新陳代謝のバランスを崩す細胞のことで、要は言うことを聞かないで勝手気ままなことをやっているというのが、ガン細胞です。だから、そいつを正しい道に導いてやれば自ずと消えていく。人間の体はそういうシステムになっているということに、いま人々は気がついてきたわけです。特にいま西洋が気がつきはじめています。日本人のやることは非科学的だとか何とかと言っていたけれども、日本人の考えていることのほうが正しいのではないか。悪いものが実在するから、それを除去したらいいという考えは間違っている。日本人の考えが正しいということに、だんだんなりつつあると思うんです。しかしながら、いまはまだ西洋の考え方が主流であり、日本人の多くも洗脳されているから、どうしても除去するという考えになるんですね。

——病気もお祓いのように、消し去っていくことが大切なことだと。

そういうことですね。我欲を捨てていくというか、消し去って正しい循環とバランスの生活をしていくことです。だから、正しい循環とバランス、生かされているという感謝の生活をしていれば、自然とそういう我欲は消えて病気も治っていくということです。

決して除去しようということではないんです。だから、日本医学には手術というものはあまり発達していないんです。日本医学はもともと除去しようという考えはないから、手術はあまり発達しなかった。そうすると、日本医学は非科学的だとか、遅れていると考える人が出てくるんです。

しかしそうではなくて、もともとそういう除去するという考えはなかった。自然というのは、リサイクル、循環しているというのが普通なんです。すべて自然はそうなっている。人間の体も、循環しているんだということですね。それをやらないから、どうしても除去しなければならないという状況ができてくるわけでしょう。でも、これはなかなかいまの人にはわかってもらえないですね。

自然のリズムに順応する

――ところで宮司は循環やバランスの大切さとともに、リズムの大切さということをよくおっしゃっていますね。

人間の体というのは結局、大自然のリズムに順応するということですけれども、つまり我々はリズムで生きているでしょう。自然のリズムに従って生きている。そうすると一日のリズム、一ヶ月のリズム、一年のリズム、一生のリズムというのがある。そのリズムに順応して生きていけば、健康に生きることができるということなのです。

一日はどうかというと、夕方になると、夜に寝るというように体が準備しているわけです。夕方になると、体温を下げ、血圧を下げ、いろいろな機能を下げて、寝る準備をしているわけでしょう。動物はちゃんと知っているから、たとえば鳥も夕方になるとみんな木に止まってじっとしています。あれは寝る準備をしているんですね。

そして、夜はずっと寝て、だんだん明け方になってきたら、活動するリズムになる。そうすると、人間の体は血圧が高くなり、体温が上がり、そういう機能が活性化してきて、昼間働く準備をする。こういうリズムで生きているわけでしょう。それが夜行性でもない人間が、夕方になってネオンがちらつくと活性化するというのは、リズムが狂っているんですね（笑）。人間は昼に活動する生物ですから、本来そういうふうになっていない。だから、健康の基本はそのリズムに従うということですね。

また一ヶ月間のリズムというものは、月の引力によってものすごく影響力を受けています。どんな生物でも、月の引力で生きているわけでしょう。だから、サンゴでも、満月のときにいっせいに排卵する。満月というのは排卵日です。人間も、昔は満月のときが女性の排卵日でした。

お月見というのは、ススキと団子でお祝いしますが、そうではなくて、あれは本来セックスするときです。いちばん妊娠しやすい。だから、いまも生物のなかには、満月のときにしかセックスしない生物がいくらでもおります。いまは人間はめちゃくちゃになってしまいましたが（笑）、そういう自然のリズムですね。

満潮、干潮でも、よく満潮に子供が生まれ、干潮に老人が死ぬと言いますが、あれは本当の話です。これは海の水だから、海の水が満潮になれば、人間の体液も満潮になっているんです。すごく力がついているわけです。逆に干潮のときは弱るわけですね。そのリズムを知っていれば、干潮のときにはあまり活躍しないとか、満潮のときに何かやるとか、そういうことになるでしょう。

そういうシステムというかリズムを体で知っていればいいんですが、いまの人はみんな暦の知識だから、干潮は今日の何時何分と言うでしょう。体で知っていない。つまり体は全然変化していないわけです。だから病気をしてしまうんですね。何時何分に満潮ですというけれども、それは海が満潮だということだけではなくて、自分自身も満潮だということに気がついていない。統計を取れば交通事故は満月の日に多いとか、そういうこともあるわけですね。人間はもう感じる能力を失ってしまったけれども、月ごとの引力の影響というのがあるんですね。

またその上の一年ごとの引力というものもあるでしょう。一年のリズムですね。正月から、寒の入り、立春とか、そういう春夏秋冬の一年のリズムがある。それに順応していかなくてはいけない。いまは暦の上で立春だと言いますが、それは暦の上だけのことではありません。私たちの体がその春に対して準備をしなくてはいけないんです。

でも、全然しないでしょう。また、体がどう対応しているかも全然分らないでしょう。それで春を迎えてしまうから、木の芽どきに頭がおかしくなるというのがよくあるでしょう（笑）。あれは春の準備をしていないからです。春というのは活性化するときでしょう。でも、体が活性化していないから、リズムが狂ってしまう。だから、みんな順応しなさい、体で感じなさいと言っているんです。この一年の春夏秋冬のリズムに順応していくことが大切なのです。

また、人間には一生のリズムというものもあります。日本人はお宮参りだ、七五三だといろいろありますが、あれはみんな体が変わるときです。三歳、五歳、七歳というのは、子供の体がどんどん変化していくでしょう。それをうまく乗り越えたら、健康で成長する。うまく乗り越えられたことに感謝するのが、七五三のお祝いです。晴れ着というのは、自分のために着るのではなくて、神さまに「こんなに立派に順応させていただいて、ありがとうございました」と、少しでも神さまに近づけたことを喜び、神さまにお見せするのが晴れ着を着る真の意味なんですね。日本人はすべて神さまが人生の中心にいらっしゃるんですから。

ところでさきほども言ったように、季節というものは夏の夏至、冬の冬至というのが基本ですね。これが基本で、これから何日たったということで計算して昔はやっていたんですが、いまはそんなことはしないで、ただ数字で何月何日はこうだとやるでしょう。このあいだ何かに書いてありましたよ、三月三日は耳の日だとか（笑）。三月三日は耳の日ではない。これは木の芽どきです（笑）。

――つまり人生というのは、そういう本当のことにきちんと目覚めて、頭でなくて体で知って生きていく、それが健康の秘訣《ひけつ》ということでしょうか。

ええ。この厄年というのはまさにそうでしょう。男の四十二歳の厄というのは、三十歳から四十歳というのはものすごく体が変わるときだから、もう三十代の生活はしてはいけない。四十代の生活に変えなさいというのが厄年です。自然のお知らせですね。それを昔の人は経験で知っていたから、厄年のときはそういうふうに生活を変えたんです。それをうまく変えられたのを神さまに感謝するのが、厄年のご祈禱でしょう。

その厄年を超えると、すうっと五十歳まで行くんです。四十歳そこそこでひっくり返る若い人がたくさんいるでしょう。そうすると、働き盛りがいなくなるということで会社も大変ですが、家族が大変ですね。四十歳そこそこで親父が死んだのでは、目も当てられないでしょう。それは順応していないからです。

還暦でもそうです。五十代から六十代に変わるというのは、体がものすごく変わるときです。それが還暦なんです。だから、六十代の生活に変えなさいということなんですね。この六十代を超えると、すっと七十歳まで行く。その節目ごとに体を順応させていくということです。順応しない人がそこで死んでしまったりするんですね(笑)。昔の人は、みんなそれを知っていたんでしょうね。

生かされているいのち

――そういう自然の法則というのは、宮司がよくおっしゃっている本当のことと、裏表のものであるということですか。

そうですね。それをすべて非科学的だとか何とかと言うから、間違ってしまったんですね。科学などというものはつい最近人間が考えたことであって、そんなものに関係なく、宇宙というのは百五十億年昔から存在するんです。ですから、いい加減に人間の知識というものを捨てて、真実を見てくださいと、ことあるごとに申しあげているんです。何ごともすべて理屈で判断するから間違ってきたんです。理屈が正しければ正しいほど、間違いが大きくなるんです。

いつも話していますが、おなかがすいた人がパン屋の前を通ってパンを盗んで食べた。それを見た人がこれは泥棒である。だから、あれは警察が逮捕しなければいけない。これは正しいんです。ところが、ある人は、かわいそうだ。あの人はお腹が空いているんだから、パンの一個ぐらい目をつぶってあげよう。これも正しいでしょう。しかし、スタートが違うんです。泥棒だというのとかわいそうだというのと、スタートが違うと、その後の理屈が正しければ正しいほど、結果が違ってくるんですね。

理屈というものはそういうものです。原点が正しいか正しくないかによって間違ってきてしまうわけでしょう。それをみんな原点を考えないで、理屈だけで正しいとか正しくないとか言うから間違うんですね。人間というのは自分で生きているんではなくて、生かされているんだという原点で物事を考えれば、いいんです。ところが、今は自分で生きているんだと考えるから、理屈が正しければ正しいほど間違ってくる。ですから、原点を知りなさいということですね。

――やはり大切なことは、生かされているということでしょうか。

生かされているのが本当だということです。そうすると、「そんなばかな。人間は自分で生きているんだ」と言いますが、そういう判断で物事を考えるからすべて間違ってくるのです。

――宮司がおっしゃったように、いのちを伝えるというのもつまり生かされているということでしょうか。

それが原点ですね。すべてものごとは循環とバランスでできている。地球は太陽の周りを自転しながらただ回っていたんです。そうしたら、地球ができて十億年たったら、生物が生まれた。地球は何もしていない。ただ太陽との引力のバランスのなかでグルグル回っただけの話ですね。そうしたら生物ができてきてしまったんです。

何も自分でつくろうなんて思ってないんですね。だから、自然のバランスとリズムに従って生きなさい。そうすれば、すばらしい神の世界が現れてくるんです。こう言っているんですが、「地球は自力で回ったんだ」と言うんですね。そんなことをしたら、地球は滅んでしまうでしょう（笑）。これがわからないんですね。

婦長について

――最後に、よきパートナーであり、よくお話しされる甲斐《かい》婦長さんのことをおうかがいしたいと思います。

どんな医学でもそうですが、医学というものは医者だけではできないもので、看護婦という存在が必要だから、世の中に看護婦がいるわけですね。結局それも男女のバランスということなんですね。女房でも何でもそうなんですが、女性というのは表に立たないで、いかに男性の力を発揮させるか。それが女性のすばらしさだと私は信じています。

病院でも、婦長によって病院は左右されると言われますが、いい婦長が見つかった病院はどんどん栄えます。いい婦長がいると、そこの院長の力をどんどん引き出すわけですね。ところが、婦長がダメだったら、病院は左前になってくる。そこにバランスというものがあると思うんですね。

いまの婦長がすばらしいと思うのは、いわゆる形成外科というものが日本に存在しなかった当時、医者ももちろんそうですが、これを理解できる看護婦はほとんどいなかったんです。これを理解するには、自分のいままでの看護婦の経験を捨てないとやれないんですね。普通の外科の看護婦の経験と常識でやろうとするから、形成外科がうまくいかない。

あの婦長のすばらしさというのは、もともと外科の手術のベテランの看護婦なんですが、それを捨てて形成外科に入り込んでくれた。これがすばらしいところなんです。そういう婦長がいたからこそ、私も手術を続けることができたのです。

この手術というのは、医者と看護婦の呼吸がピッタリと合わないと、絶対できないんです。とくに形成外科のような手術をやるときはどうしてもそれが必要です。しかも手術だけでなくて、後の看護が充分なものでなければ、どんな医学でもそうですが、とくに形成外科という分野の場合、成り立ちません。

彼女は、それをいちずにやってくれましたし、私の手術も十分理解してくれていました。そういう看護婦の精神というか、きもっ魂というかそういうものを持って、本当の看護婦としてやってくれたんです。本当に患者のことを考えてやってくれた最高の婦長です。

――お医者さんと二人三脚なんですね。

そうですね。一ミリの何分の一という形成外科の手術というのは、もう理屈ではないから、やはり医者と看護婦の呼吸がピシャッと合わないと、最高の結果は出ない。これは理屈ではないんですね。こちらの心をわかってくれないとできないわけです。言葉でなかなか表現するのはむずかしいんですが、そういうことですね。

ところで手術を受ける方の中に、いわゆる口蓋裂《こうがいれつ》という、口のなかが割れている患者さんがいます。とくに私の手術は、ほかの先生と違う手術をしていて、喉の奥のほうまで縫っていくという手術をやります。それはもちろん目で見ることもできないんですが、私が縫っていると、婦長が持っていてくれる。

しかも、ただ縫うのではない。これは説明しにくいんですが、普通の皮膚を縫うというのは、皮膚の表面が表に見えているから上から縫うんですが、口のなかというのは逆に粘膜が奥にあるでしょう。奥が表面なんです。下から縫わなきゃいけない。目で見えるのと逆縫いするんです。それはもちろん目で見ることができない。ただ、婦長が押さえて私が縫ったとき、その縫った瞬間に、ああ縫えたとか、そういうことを感じるわけですね。それは理屈で説明できません。その微妙なところで固定してくれたわけです。

術後の看護と「おかあさん」

――すごい世界ですね。

普通は口蓋裂の手術をすると、手術したあと発音指導をする専門の人がいます。大学でスピーチセラピーを施してしゃべるようにする。しかしそれをやってもなかなかうまくしゃべれないんですが、とにかく、私はそういうことはしてはいけないと思うんですね。というのは、それをやると子供が特殊意識を持ってしまいます。自分はほかの子供と違うんだと思うから、それが人生でものすごくマイナスになる。ですから、私はお母さんに、

「家庭で普通の子供と同じようにやってください。そうすれば発音できますから」と言っています。私の手術した患者にはスピーチセラピーというのは一回もやったことがありませんが、百パーセント発音できるようになりました。それは手術と、手術した後の看護にあると思います。これによって成功するんですね。適切な看護がなければ、いくら手術しても成功しないと思います。

この看護というのは、たとえばどういうことかというと、食事の食べさせ方とか、そういうことです。まともに食事をさせたら喉の奥は切れてしまいます。それに合う食事を考えて、その食べさせ方が問題なんですね。喉の奥のほうが切れないような食べさせ方をする。そうすると百パーセント成功します。

そうした適切な看護をすると、特別にスピーチセラピーをしなくても、しゃべれるようになるということです。いつも言うように、日本語の発音の原点というのは「か」という発音です。「か」の発音ができたら、ほかの発音もできるんですが、そういう子供はその「か」の発音ができないんですね。

どうするかというと、日本語というのはすばらしいんですね。「おかあさん」というすばらしい言葉がある。子供がいちばんたくさん言う言葉は「おかあさん」です。だから、「おかあさん」さえ言えれば、ほかの言葉も言えるということで、家でお母さんに対して「ママ」とか、そういう言葉で呼ばしたらいけない（笑）。

家中の人が「おかあさん」と、「か」をはっきり発音するようにしなさい。ご主人も、「おい」とか「お前」と言ってはいけない（笑）。あなたたちも「おかあさん」と言いなさい。耳から子供に「か」の発音を聞かせなさい。そう言ってやるわけですね。そうすると、子供は百パーセント言えるようになります。

ほかのお医者さんから、「そんなことはありえないことだ」とか、いろんなことを言われたこともありますが、いくら言われてもこれは事実だからというので、みんなそうやってくれています。

このあいだも、赤ちゃんのときに手術した女の子が結婚するということで、結婚式に呼ばれましたが、その人が泣きながらお母さんにお礼を言っていました。そのときに、本当に正しい発音でしゃべってくれましたから、僕のほうが涙が出てきました。

それも、私はいつも言うんですが、病院に神棚を祀って、毎日、小さな患者さんに、神さまに感謝しましょうということをやっているんです。そうすると、子供は自然に親に感謝とか、祖先に感謝ということが身についてくるでしょう。小学生でも、家へ帰るといちばん最初に仏壇を拝んだり、神棚を拝んだりするというんです。親は病院でいったい何を教わってきたのかと言うんですね（笑）。

このあいだも子供の時に手術した患者さんの親御さんが来て、成長した娘が非常に信心深いので、ありがたいと言うんですね。つい一週間ぐらい前です。その娘さんの孫がまた非常に信心深い。神さまを拝むんだそうです。僕のところで手術してもらって、本当にありがたいと言ってました。だから、子供のときからそういうことを教えれば、子供というのは必ずそういう正しい生活をするようになるんですね。

そういう若者が増えてくれれば、日本の国もよくなると思うんですね。だから、世の中が変わったと言わないで、日本人なんですから、やはり昔から日本人がやってきた、生かされることに感謝するという生活を、子供に伝えてください。そうすると、子供は必ず真似をしてやります。そう言っているんですね。これ以外に、日本の子供を立派に育てる方法はないんです。知識や学問の問題ではないのですから。

第四章　神道と祭り

祭りについて

――神社にお参りしますと、二礼二拍手一礼という作法でお参りするのが古来からのしきたりだと聞きましたが、このへんの立居振舞いということからお願いしたいと思います。

まずそれには、祭りとは何かということからお話ししなければなりません。祭りというのは、やはり日本人の共生、ともに生きるというこころが形として現れたものだと思います。外国人は、神と人間というのは対立的な別個の存在としてあって、人間は全知・全能の神にいろいろ祈って願うわけですが、日本人はそうではなくて、本来、神と一緒に生きようという生活が根底にあるんですね。

だから、祭りというのは神に何か自分の個人的な願いを祈るというのではなくて、神さまにただ悦んでいただこう。そして、神さまと一緒に生きようということが、その原点にあるんです。そうすると、神さまはお願いなどしなくてもちゃんと恵みをくださり、願いをかなえてくださる。すべて相手のことを考えて、相手と一緒に生きようとする。これが日本人の独特の祭りというものの考えだと思います。

ところで、現代では働くというと外国のマネをして「労働」だと考える人が多く、週休何日とかといって、働く時間をできるだけ少なくして休みを多く取ろうと考えますが、日本人の本来の「働く」というのは、言葉の通り、ハタ（周囲）をラク（楽）にする、幸せにするということです。周囲を幸せにすれば自然と自分も幸せになってくるというのが、日本人の生き方です。しかし、このようなことを言うと、それは昔のことであって、現在では通用しないという人がたくさんおります。

幸せは、先ず自分の幸せのことを第一に考えなければいけないと現代の人は考えていますが、この世の中はそのような仕組みにはなっておりません。一人でも多くの人を幸せにすることが、自分の幸せにつながるというのが本当なのです。これを知っていたのが日本人です。それを現代でも行っているのが神社のお祭りです。

神社のお祭りというものは本来、自分の我欲の願いというものを一切行ってはおりません。ただ、神さまがいかにしたら悦んでくださるか。それだけを考えて行っています。

人間が一番嬉しいと思う時は、他人から自分の素晴らしさを認められた時です。ですから、神さまの素晴らしさを認め、それを表現したならば、神さまは一番悦ばれるわけです。お祭りでは、神さまの素晴らしいお姿を認め、それを祝詞《のりと》や歌や神楽《かぐら》の舞などで表現しています。そうすればこちらから願わなくても神さまがお恵みをくださるという、これがこの世の中の真実の姿です。現代の人々はその逆をやっているから、いつまでたっても真実の幸せがやってこないのです。ですから、いかにしたら神さまに悦んでいただけるかということが大切なのです。

作法と姿かたちの美

ところで、この祭りを行うには、いま神社ではいろいろな行事、作法というものを昔ながらに行っております。例えば整列する順番とか、あるいは歩き方や拝む姿勢とか、またいわゆる神さまにお供えを差し上げる伝供《でんく》の作法とか、いろいろ厳しい難しい作法があり、祭りはこうした作法で行なうものだと、いま我々は教わりますが、もともとはそういうことではなくて、やはりこれも神さまをお悦ばせする一つの方法から出発し、伝わってきたものだと思います。お辞儀をするにしても、何の作法もなくダラダラと拝むよりも、やはりちゃんとした作法で拝むほうが、神さまは悦んでくださる。そういうことから作法というものがきちんと整理されたのだと思います。

いまの人たちは、そういう昔的なものは古いとか、束縛だと言う人がいます。たとえば学生の制服でも、制服などというのは生徒を束縛するものである。服装は自由でいいんだと、こう言いますが、私は違うと思います。やはり外見を整えることによって、中身も整ってくるんですね。

私は医者ですが、やはり医者のユニホームというのがあります。白衣を着て患者さんを診る。もちろん看護婦も、看護婦のユニホームを着る。これによって、医者や看護婦に対する患者さんの印象というものが全然違うと思います。これが、医者は何でもいいんだ、ジーパンにジャンパーでやったらいいんだということになると、同じ医療行為をするにしても、患者さんの持つ安心感というか信頼感が全然違ってきて、それが、治療さらには術後の経過にも響いてくると思うのです。

　私自身でもそうでした。自分が医者のとき、病院で白衣を着ているときは、どんな患者さんが来ても別に驚きもしないし、それに対して治療をするということは、自分の当り前の行為として充分に力を発揮できるんですが、ひとたび白衣を脱いで外に出たとたんに、外で患者さんに会うと、白衣を着ているときとは違う行動になってしまう。そういうことをよく自分で経験しました。

　ですから、やはりその職業に合った外見の服装をするということが大切ではないかと思うのです。別にそれは束縛でも何でもないと思うんですね。ですから、神職の着ている白衣・袴《はかま》、あるいは狩衣《かりぎぬ》とか、衣冠《いかん》とか、祭りの時に着るいろいろな装束というのがありますね。そういう装束も、別に神職だからということだけではなくて、やはり神の祭りに対する服装、強いて言えば神に悦んでいただく服装だと思うんです。服装を整えきちっと着て、正しい作法で立居振舞いを行うということが、神に対する最高の奉仕なんですね。それが、汚れた服装で、乱れた作法でやったのでは、決して神さまはお悦びにはなりません。時には、中身が素晴らしければ服装はどうでもいいということを言う人もいますが、そ

春日祭・勅使の祓え

れだけでは、正しいとは言えません。もし中身が正しければ、おのずから服装や作法も正しくなってくる。これが真実です。そういうところから、神道の作法というのは非常に厳しいわけですね。歩き方とか、お辞儀をする角度とか、姿勢とか、一つひとつ非常に厳しい。これは、日本人のそういう中身から表れてくる当然の姿としてやっているのが、神道だからではないかと思うのです。

――なるほど。ところで神職の方の衣装というのは白を基調にして、非常に清潔な、清浄なイメージがありますね。

これも一つの祓いに通じるんですね。すべての罪・穢を祓う、清らかで清潔な色ですね。素白のこころというか、そういうもので神さまに接するというのは、神さまに対して最高のおもてなしとなるのです。

それが、神職が色模様の派手なものを着たらどうか。理屈で言えば、何を着てもいいではないかということになりますが、それは違うと思います。中身が素直になれば、当然着ているものもそういう白っぽいものや、単色物が基調になるのではないかと思うんですね。ですから、神道の衣冠束帯《いかんそくたい》といった豪華な装束でも何でも、模様というものはほとんどなく、あっても目立たぬように織り込んであり、また色というのは白とか、黒とか、赤とか、そういう単一の色が中心です。これも日本人の考え方の中身から、そういうものが出てきたのだと思います。

形についても、外国人のファッションのように、いろいろな服装のかたちがあるというのではなくて、神道では昔から平面、直線の裁断の着物が中心です。立体裁断というのはやってはいない。平面の裁断で、単一色で作る。かたちも平安時代からまったく変わっていない。今でも一切変わっていない装束を着て神さまに奉仕しています。これは、世界に誇るべき日本の美徳だと思います。

外国のファッションは、外見を変えて、それにいろいろな飾りを付けて美しさを出そうとしますが、日本人はそうではなくて、着るものは昔ながらの単調なものだけれども、中身からその美を出そうとします。それが日本の服装です。この着付けの世界を衣紋道《えもんどう》といいますが、それがずっと伝わっているわけです。

このあいだ、アメリカで衣紋道を披露《ひろう》する機会があり、これを見たアメリカ人は大そう感動していました。かれら西欧人の服装に対する考え方は、自分の体に合わせて服をつくり、それにいろいろな飾りを付けて美を表わそうとするものですが、それに対して日本人は、中身から美を表わそうとするということで、衣紋道をみんなに見せましたが、それにアメリカ人たちは感動したわけです。

まったく異なった考え方で美を表わす日本人の美に対する、服装に対するすばらしい考え方、これはすべて祭りから来るわけですね。人を悦ばそうとする。自分が悦ぶために着るのではない。神さまをお悦ばせするために着る。考え方が全然違うんですね。これがために、外から着飾ったよりもはるかにすごい美を日本人は表わせるのではないかと思います。

神社について

先にも言いましたが、よくお正月とかお祝いの時に晴れ着を着ることがありますが、あれもまた自分のために着るのではなくて、神のすばらしいお姿を表すもの。そして神さまに感謝する。その感謝を表わすための服装なんですね。ですから、神さまをお悦ばせ申し上げようという思いを根底に、すべて日本人の考え、文化は成り立っている。これはすばらしいことだと思います。自分のことより相手のことを考えるのです。それをいまの人は考え違いをしていて、自分を美しく見せるためにきれいな晴れ着を着る。それが当然のように考えていますが、これはまったく我欲の考え方です。

ですから、ことあるごとに原点にかえり、こういうことを日本人は思い出さなくてはいけません。何でもかんでも、そういう日本人の伝統は古いとか、間違っているという考え方が、いまの日本には充満しているでしょう。そうではなくて、外国人と日本人というのは違うのです。それはどっちがすぐれているとか、劣っているとか、そういうことではなくて、日本人はそういう特徴を持っているということです。

いまの若者は、外国と比較ばかりしているから、日本人としての誇りがまったく出てこない。しかしすばらしい美徳を持っているんだということを思い出してくれれば、若者でもやはり日本人というものに対する誇りを持ってくれる。それはつまり、日本人は日本人として、すばらしいことを昔から伝えてきたんだという誇りですね。これをぜひ思い出してほしい。特にこれはいま、子供の教育にいちばん必要なことではないでしょうか。知識を与えるということではなくて、日本人のすばらしい伝統を知らせて、日本人に生まれてよかったという誇りを持たせるということが、いまの日本にいちばん必要なことなのです。

それをやっているのが神社です。昔の伝統を伝えているというのが神社なのです。そういう意味で、神社に行って、神社の祭りを見てほしい。しかし、単なる一宗教として見てもらっては困るんです。厳密に言えば、神道というのは宗教ではないんです。神道というのは、日本人が昔から伝えてきた生き方であり、人生観なんですね。それを頭において神社のお祭に参列して欲しいのです。

——最初におうかがいした点に戻りますが、一般の人が神社に来てお参りしますね。そうすると、二礼二拍手一礼という作法できちっとお参りできる人もいれば、自分勝手でしない人も見受けられます。いろいろなお参りのしかたをしていますし、いろんな振舞いをしている人も多いと思います。宮司のほうからご覧になって、そういう人たちにたいして、何かアドバイスがございますか。

これもいつも言うように、神さまにお悦びいただくということが原点です。いまの神社の作法では、すべていちばん上の人に従えというのが作法なんですね。これは何も封建的な命令というのではなくて、上の人に動作を合わせて、そしていっせいに揃ってお辞儀ならお辞儀をしなさいということなんです。そうすればいちばんきれいだし、それが神さまがいちばんお悦びになる方法だということでやっています。ですから、上の者に従って作法するということによって、一つの規律というか秩序というものが出てくるんですね。

いまでも毎月二十一日に行われる旬祭《しゅんさい》にたくさんの方が参列されて、二拝二拍手一拝を我々と一緒にされますが、何人かの人は、我々神職よりも早くか遅くお辞儀をしてみたり、手をたたいたりするんですね。それは慣れていないから仕方ないとは思うのですが、たとえ分らなくても神職に従ってやるというのが、神さまにお悦びいただく方法だと思います。もちろん相手は神さまですから、何も命令をして強制するということではないんですが……。

よくあるんですが、中には考え違いをしている人がいるんですね。神社に何か奉納したり、祭りに奉仕をしようという方がたくさんいらっしゃいます。そういう人の中で神社に何々を奉納してやったとか、神社に奉仕してあげたという人がごくたまにいますが、これはまったくの考え違いをしているのです。

神社にしているのではない。神さまにご奉仕して、神さまにご奉納しているんでしょう。神さまに何かしてやったとか、神さまに何かあげたとか、そんなことはありえないことです。神さまに対してご奉仕させていただいた、奉納させていただいたというのが本当なんです。これを神社に対してどうとかと言うのは考え違いもはなはだしいことです。日本人はすべて神さまが相手なんです。神さまに対して、すべてを行うということが日本人の生き方の根幹にあると思うんですね。

——神さまだから、させていただくとか、ご奉仕させていただくという心情が自然に出てくるということですね。人間が相手ではなくて、神さまが相手だということですね。

ええ、神さまが相手なんですね。お祭りでも、自分が参列したというのではなくて、参列させていただいたというのが正しい。この奥床しさこそ、日本人の生き方そのものだと思います。

春日大社の祭り

——そういう意味で申しますと、春日大社にはお祭りがたくさんあると聞いていますが、そのお祭りについてもお聞きしたいと思います。

日本に神社は数多くありますが、伊勢神宮は別として、春日大社ほどお祭りを多くやっている神社は他にはないと思います。小さなお祭り、大きなお祭りを合わせると、年間に九百ぐらいのお祭を奉仕しています。それらを昔から一回も欠かすことなく続けているというのは、実にすばらしいことで、これも日本人のすごいパワーの表われだと思うんですね。

ですから、よく言うんですが、神社には曜日というものはないんです。曜日というのは、キリスト教がつくった一週間という曜日ですね。そして日曜をお休みにしようということでしょう。神社にはそれはないんです。その九百のお祭りを、今日は日曜だから休もうとか、今日は雨だから止めようということは、いっさいしていない。雨だろうと、日曜だろうと、祭日だろうと、関係なく昔から続けられています。この続けるというところに、日本人のすごさがあるのだと思います。

前にもお話しましたが、神戸の震災で神社がくずれた朝にも、お日供《にっく》というお祭りを奉仕しています。このお日供というのは、朝御食《あさみけ》、夕御食《ゆうみけ》といって、ご飯を朝と夕に神さまに差し上げる儀式で、これは大きい小さいは別として、ちゃんとしたお祭りです。祝詞もあげています。これは絶対に欠かしたことはありません。ですから、今日は震災でつぶれたから、朝ご飯は抜きになるとか、そういうことは絶対にしない（笑）。なにがあっても、お日供のお祭りはするんですね。ここに日本人のすばらしさがあると思うんです。

つまり日本人のすばらしさというのは、続けるということなんですね。ですから、この春日大社がユネスコの世界遺産に登録されたのも、一つに、続けているということに外国人がびっくりしたからです。神社には、週休二日とか休みというのはないんです(笑)。なにせ神さまは年中働いていらっしゃる、だから当然、神社も一年中やっている。ここに日本人の自信というものがあると思うんですね。これを全部忘れてしまって、これは単なる一つの宗教であると考えるから、日本人は自信を失ったのではないかと思います。だから、私は見てほしいんです。九百のお祭りを一日も休まずに昔から続けている。こういう世界をぜひとも見てほしい。

——一年は三百六十五日ですから、九百といったら一日に二回か三回お祭りしているということですね。そして、そういうお祭を絶やさずに続けているのが日本人の誇りであり原点であると。

ええ。この続けるということですね。だから、日本人というのは言いわけをしないんです。今日は雨だからやめておこうとか、今日は日曜だからやめておこうとか、今日はちょっと風邪をひいたからやめておこうとか、こういうことはやらないんです。一筋に続けます。そこに神の本当のお恵みが現れてくるのではないかと思います。

——宮司がいらっしゃらないと祭りは始まりませんでしょうから、風邪をひいて熱を出しても出なければいけないんですね。

そうですね。逆にいえば、風邪をひいてはいけないということですね(笑)。祭りを全部、宮司がやるわけではないんですが、これだけは宮司が絶対に奉仕しなくてはいけないというお祭りというのがあります。たとえば毎月の旬祭というのは、一日、十一日、二十一日と、月三回あります。これを奉仕しないと宮司失格です。どんなことがあろうとも、昔からその三日間は宮司が奉仕しなくてはいけない。もちろん旬祭が日曜になろうと、祭日になろうと、それは関係ない。必ず奉仕するわけです。

――なかなか厳しいんですね。

ええ。ですから、どんなところへ行っても前の日には大社へ帰ってきます。外国に行っても前日には帰ってきます。精進潔斎《しょうじんけっさい》をして、前の日からお社のお清めをしますから。このお清めというのは、平たくいえばご本殿のお掃除のことで、これは宮司自ら奉仕することになっております。そういうことを絶対欠かさないというところに伝統のすごさ、日本人の忍耐強さというものを感じるんですね。

それを、人間の都合で祭りを日曜日に変えようとか、そういう話をよく聞きますが、それは言語道断、人間の都合で神さまのお祭りの日を変えるということは、まことにもって失礼千万な話です。

――本末転倒になりますね。

ええ。本末転倒です。大きなお祭りは日曜日にやったほうがたくさん人が来てくれる。そんな理由で昔の伝統を変える。祭りというのは人間のためにやっているのではないんです。神さまにお悦びいただくためにやっているわけです。

とにかく、そういうことを続けてやるというのが、日本人のすばらしい生き方であり、自信だと思うんですね。ところがいまは逆で、あまりにも理屈、言いわけが多すぎます。自分の不幸を他人のせいにする。これは、日本人の堕落の最大の原因だと思います。

いつも言っていますが、バブルが崩壊したから会社がつぶれたというのは、これはもう最高の言いわけです。バブルがはじけても、倒産しない企業というのは日本にいくらでもあるでしょう。みんな苦しくてもがんばっている。あなたのところだけがバブルが崩壊したのかというと、そんなことはありえません。それは、自分の経営能力のなさ、先見の明のなさをバブル崩壊になすりつけているだけです。

銀行がつぶれたというのは、先見の明がないんです。先見の明があって、やがてはバブルがはじけるということをちゃんと知っていたら、バブルの時代にその用意をしているでしょう。そうやって準備している企業というのは、バブルがはじけてもビクともしないでやっている。自分の先見の明のなさをバブルのせいにするというのは言語道断です。これは日本人ではないと思います。

春日祭と春日若宮おん祭

——お祭りの話に戻りますが、大社のたくさんあるお祭りのなかでも、春日祭と春日若宮おん祭が最大のお祭りと考えてよろしいんでしょうか。

ええ、最大の祭りですが、祭りの内容が違います。春日祭というのは本来天皇がご参向になるお祭りです。いまはお勅使が天皇の代わりにいらっしゃいます。ですから、春日祭は静かな祭りです。普通お祭りというと、神輿《みこし》を担いでにぎやかにして神さまにお悦びいただくイメージがあるでしょう。あれは大衆のお祭りなんですが、この春日祭は勅祭《ちょくさい》です。天皇が天下国家の安泰を祈念なされるお祭りですから、にぎやかさというのは全然ありません。おごそかな静かなお祭りです。普通の祭りとはまったく性格が違います。それに対して若宮おん祭というのは、大和地方の庶民の祭りです。

——庶民のお祭りというと、我々はすぐに神輿をかついでワッショイというイメージで考えますが、若宮おん祭もそうしたお祭りなのでしょうか。

そのお神輿ワッショイという祭り方はもっと後の話です。春日大社というのはいちばん古いかたちの祭りをやっているんですね。おん祭りでは、深夜に神さまがお旅所にお渡りになって、その前で神楽を奉納したりみんなが神さまをお悦ばせする神事をする。そういう、祭りの原点を行っているんです。ほかの神社でもはじめはそうだったと思うんですが、それがだんだんお神輿で神さまが氏子区域内を見て回られるという形式に変わっていったんです。あれは後のもので、昔はそんなことはやっていません。ほかの文化が入ってきてから、そういうふうにだんだん変わっていったのだと思います。

——お神輿というのは神さまがお乗りになってお渡りになるものですね。そのお神輿ワッショイとか、そういうものでたくさん人を呼んだりしますが、あれはずっと後のかたちというか、本来ではないのですね。

ええ、いまでも、お旅所を持っている神社がたくさんあります。また、ご本殿でやらないで、神さまがお旅所のところまでお渡りになって、そこでにぎやかにするという形式を持ったお祭りは、いくらでもあります。それが原点だと思うんですね。だから、お旅所がなくなってしまったというか、お旅所でやらなくなってから、お神輿で神さまが回られるようになったと思います。

——先ほど宮司がおっしゃったように、春日若宮おん祭には、能楽とか、舞楽とか、そういう芸能が奉納されますが、そうして神さまをお悦ばせすることが、祭りの根本なのですね。

そういうことです。いつも言うんですが、おん祭に奉納されるいわゆる芸能には、猿楽《さるがく》とか、田楽《でんがく》とか、細男《せいのお》とか、日本古来のものもありますが、そうしたものの多くはシルクロードから入ってきた昔の外国の芸能であり、それが元の外国ではとうの昔に滅びていま存在しない。ところが、春日大社には昔のままの姿でそのまま残っているんですね。

——それはすごいですね。

すごいことでしょう。これはなぜかというと、外国人は自分たちが楽しむために芸能をやったんです。それでは滅びてしまう。ところが日本人のすごいところは、これを神さまをお悦ばせする神事にしたということです。そのためにずっと続いているんです。

それを見ても、いのちが続くというのはどういうことかわかってきます。やはり神さまをお悦ばせするということになるのです。そうすることによって、いのちというものが続いていく。反対に己れのために生きようとすると、いのちは消えてしまう。それを知ってやってきたのが日本人でしょう。日本人というのは本当の人間の生き方をやってきたんですね。

そういう目で見ると、野生の生物でも、自分のために生きているという生物は一匹もいない。どんな生物でも、やはり子孫を残すために努力をしているわけです。自分のために生きている生物なんていませんね。子育てでも、母親が本当に自分のいのちをかけて子供を育てているではないですか。これが本当のいのちが続くということだと思います。それをいまの人間は、自分のために生きようとするから、いのちが途絶えてしまうんです。

とくに、戦後の日本というのは我欲の人ばかりです。それで、日本人の力というのが衰えてきたのです。だから、もう一度原点に返って、日本人の祖先が伝えてきた、人を悦ばせるために生きる、神を悦ばせるために生きるという、この原点に戻らなければいけないと思うんですね。

——それが、いのちを伝えるということだと。

ええ。たとえば銀行がバブルで滅びたというのは、銀行というのはお金を企業に貸して、企業がうまく商売ができるようにする。それが銀行の務めでしょう。これをなしにして、おのれの過剰な利益を求めるために不動産に投資して、それが焦げ付いてずいぶん倒産しているでしょう。これはやはり自分のためだけに生きようとしたからですね。企業でも、自分のためだけに生きている企業はいずれつぶれてしまう。その反対に、人を悦ばせるためにやっている企業というのはつぶれないわけです。

——非常に残念なことに、いま、世のため人のためにと言うと、何かそれが偽善であるかのように見られます。

確かにそうですね。しかし、世のため人のためにやってはじめて、いのちというのは伝わるんです。これは宗教の話でも何でもない、真実のことです。

神さまの声を聞く

——そういえば昔は、世のため人のために行うのがまつりごと、つまり政治のことだと。

あれもそうなんですね。すべて神さまのお言葉に従って政治をしたというのが原点なんですね。だから、政治も祭りごとだったわけです。それは、昔は神さまをお悦ばせして、神さまの声を聞ける人がいたのでしょう。その人が神の声を聞いて、こうしろああしろと指導してきたんですね。それでやってきた。ところがそれがだんだんなくなって、人間の知識だけで政治をするようになってしまった。ここに大きな間違いがあるんです。

今の人はほとんど、「そんなものは古い。神さまの声を聞いてやるというのはまやかしだ。そんな馬鹿な」といいますが、私は違うと思います。自分のことで申しわけないのですが、私が宮司として春日に奉仕できるのは、神さまの声を聞いてやっているからです。自分の意思であれこれとはいっさいやっていません。

そう言うと、「宮司というのは神の声が聞こえるのか」と、霊能者のように言う人がいますが、別に私は神がかりでも何でもない。自分の我欲を捨てて神と一体になるということを、七十年もやってきたから、自然に神の声が聞こえてくるわけです。それも耳に聞こえてくるわけではない。体に聞こえて感じるのです。それをみんなに伝えて、その通りやりなさいと言っているだけです。

そうすると、それが次々に実現して、春日大社が発展していくということなんですね。自分で聞こうと思って聞けるわけではないんですが、たとえばここのお社を修理したいとか、こういうお祭りをしてみたいとか、そういうことが心にわいてくるんです。そのとおりやる。そうすると、不可能が可能になってしまうんですね。

たとえば春日大社の森のなかに、六十いくつかのお社があるのですが、これを人間の力で直せと言っても、直せないですね。莫大なお金がかかるわけでしょう。

――六十社も神社がおありなんですね。

ご本殿以外にですね。ご本殿は式年造替《しきねんぞうたい》で、二十年に一回やります。それはみんなからお金をいただいてやっていますが、今度でも二十数億円ほどかかっています。それ以外に六十のお社が森のなかにある。これをいったいどうやって直すのか。これらのお社は文化財の指定を受けていないので、すべて自力で直さなくてはならないのです。

それを考えると気が遠くなるような思いですね。一年に一社直していっても六十年はかかる。全部直し終わったら、最初が壊れている。これをどうしたらいいのか。それは人間の知恵ではわからないから、神さまのお声を聞く。すると次から次へとご奉賛してくださる奇特な人が現れる。そして、次から次へとお社が直っていく。実にありがたいことで、これが神の声なんですね。理屈を超えた世界です。

——神の声が聞こえてくる。しかも耳ではなく体で聞くというお話ですが、ところで宮司さんをはじめ神職の方々を、よく中取《なかと》り持《も》ちといいますね。

ええ。神職というのは、本来は神さまといわゆる参拝者との間を取り持つという役なんです。だから中取り持ちといったんですね。ということは、神の声が聞こえる人ということなんです。神さまはどういうふうにおっしゃっているかということを伝える人が神職なんですが、残念ながらそういう能力を持つ神職はいまのところ一人もいなくなってしまった（笑）。

こういうことを言うとまことに恐れ多いのですが、どうして天皇家が日本にできたのか

御神木・宮司揮毫「神」字

ということにつながってくるんです。つまり、まつりごとなんですね。天皇ほど我欲のない方というのは日本にいないでしょう。普通の人だったら、勉強をしていい会社に入りたいとか、出世して社長になりたいとか、金もうけして成功したいとか思いますが、天皇はそれ以上ないんですから、何になりたいとか、いわゆる我欲というものがない。そういうお方こそ、神の声が聞ける人なんです。

それで、人間とは別の存在の天皇ということになってきて、天皇が神の声を聞かれて、お伝えになる。それを一般の人が聞いて政治をやっていく。これがまつりごとの原点だったんです。それをやっていたんですが、戦後は天皇というのは憲法に違反するとか、人間だから開放されるべきだとか、大衆と一緒になるべきだとか、そういうことになったために、天皇本来の特質というかご使命というものがなくなってしまったんですね。けれど天皇が庶民と一緒では困るんです。やはり純粋で、我欲がなくて、神の声を聞いてくださらなければ困るのです。

——ところで我々が神社にお参りしますと、春日大社ではとくにそうですが、身が引き締まるというか、そういう普段と全然違った荘厳さ、静寂な雰囲気というものを感じさせられますね。

そうですね。本当は神の世界には音というものはありませんから、神さまがいらっしゃるところは静かなところであるのが当たり前なんです。でも、この春日大社は単なる静けさというだけではなくて、やはりそこに伝統がある。天皇家の思し召しでつくられたという、理屈を超えた伝統があるように思います。長い歴史と伝統に培われ育まれてきた静けさというものはまた、格別なものです。

いまでもここに来られた方がそれを感じる。普通の神社とは違う雰囲気を感じるわけです。お寺とはまた違う雰囲気というか格式というのがあるのでしょう。

京都に、葉室の一族が昔から住んでいた土地があり、そこに葉室御霊神社というお社と、葉室家の菩提寺である浄住寺があります。私が学生のころ、ここへ来ると心が落ち着くとお寺の住職に言ったら、当たり前ですよ、ここは昔から神社やお寺以外は建ったことがない土地、いわゆる聖地で、普通の民家というのは建っていません。そういう世俗の汚れというのが、昔からまったくないところです。だから、ここへ来ると落ち着くというのは当たり前のことなのですと、そう言われましたが、なるほどなと思いました。

春日大社もそういうところなんです。いわゆる聖地ですね。昔の人は聖地であるということを知っていたんでしょう。そこにお社をつくったから、その土地のエネルギーがいまだに伝わって感じるのだと思います。どこでもいいからお社をつくったわけではないんです。お社というのはそういう場所につくったということです。

よく古い神社で崩れそうになっても残っているのを見ることがあります。決してなくならない。ここに日本人の不思議さというのがあると思うんです。

神社をつくるというのは、そういう特別な場所に昔の人たちがつくったのだと思います。

そしてお祭りを常に行ってきたから続くんですね。どんなになっても、廃墟とはならない。ここに神社のすごさがある。あるかないか知りませんが、私は神社跡というのは見たことがありません。

水とお清め

——そう言われればたしかにそうですね。ごくあたりまえのことに思って気がつきませんでした。ところで、神社では「お清め」ということがございますね。

「お清め」についてお話をするならば、やはり水からお話するべきでしょう。どうして我々は水を飲むのでしょうか。どうして生命には水が必要なのでしょうか。そして、どうして水で「お清め」をするのでしょうか。このことについて私はずっと考え続けてきましたが、最近になって、ようやくその本質が見えてきましたので、そのあたりを含め、少しお話しをさせていただきます。

外国人は、一般に水というと、飲むものであったり、体を洗ったり、あるいは畑の作物にまいたりするもので、科学でいうところのH_2Oという単なる物質であると考えるようです。けれども、日本人は古来より、水にはすべてのものを清め、活力を与える素晴らしい力があると考えてきました。

例えば神社のお参りの前には手水をしたり、神職はお祭りを奉仕する前には、潔斎といって水をかぶったりします。しかし、これはただ水で手を洗っているのでも、水で体を洗っているのでもなく、水の持つ力によって心身を清めている。体についた罪・穢れというものを消し去っているのです。

　こうした水の持つ素晴らしい力に気付いていたのは、世界でもおそらく日本人だけではないかと私は思うのですが、しかしながら戦後の人たちは、日本人の伝統や歴史をすべて否定し、間違いであるとか、非科学的であるというような教育を受けてきたために、水で清めるというようなことは、誤った考えであると思う人が多くなってきました。けれども、日本人が祖先から代々伝えてきた水による清め、そしてお祓いによって罪（包む身）や穢れ（気枯れ）を祓うということは、まさしく真実の行いであると私には思われるのです。

　水は摩訶不思議な物質で、零度以下に冷やせば固体の氷となり、常温では液体、そして熱すれば気体となるように、自由自在にその形を変える特異な性格を持っています。この水の中に今から約三十八億年前、はじめて生命が誕生しました。どうして水の中に生命が誕生することができたのでしょうか。医学的に言うと、生命の原点は細胞の中に含まれる遺伝子で、この遺伝子がバラバラの状態では生命は誕生することができません。無数の遺伝子がバランスを取り、一つの秩序ができた時はじめて生命は誕生することが、最近の研究でわかってきました。そして水には、生命の原点である遺伝子の配列を整える素晴らしい働きがあり、この水の持つ不思議な力があったから、生命が誕生したということなのです。

ところで私達はお腹が空くとご飯を食べます。この食べたご飯は消化され糖分に変わり、細胞の核のまわりにある細胞質というところで燃やして、私たちは生きるためのエネルギーを得ています。けれどもこのエネルギーだけでは我々は生きることができません。

前にも言いましたが、自動車はガソリンを燃やして走りますが、ただガソリンを燃やすだけでは自動車は走りません。人が運転して正しい目標を定めることにより、車は暴走することなく安全に走るのです。人間の体もこれと同じで、エネルギーだけでは生きられません。神さまのお恵みや祖先からの生きるための知恵（いのち）の導きがあってこそ、健康で幸せに生きることができるのです。

この神さまのお恵みや祖先の知恵は、細胞核の中にある遺伝子の中に入っているので、その核の中の遺伝子から正しい神さまや祖先からの情報を引き出し、周囲の細胞質に伝えるのが水の役割なのです。このように、水には生命を誕生させ、神さまのお恵みやご祖先からの生きる知恵を正しく伝えるという大きな働きがあるのです。

そして、ここで忘れてはならないのがバランスということです。世の中のすべてのものはバランスで成り立っています。つまり、遺伝子から正しい知恵を引き出す水には、遺伝子と同等の能力を持っているということになります。つまり水自身に、神さまのお恵み、

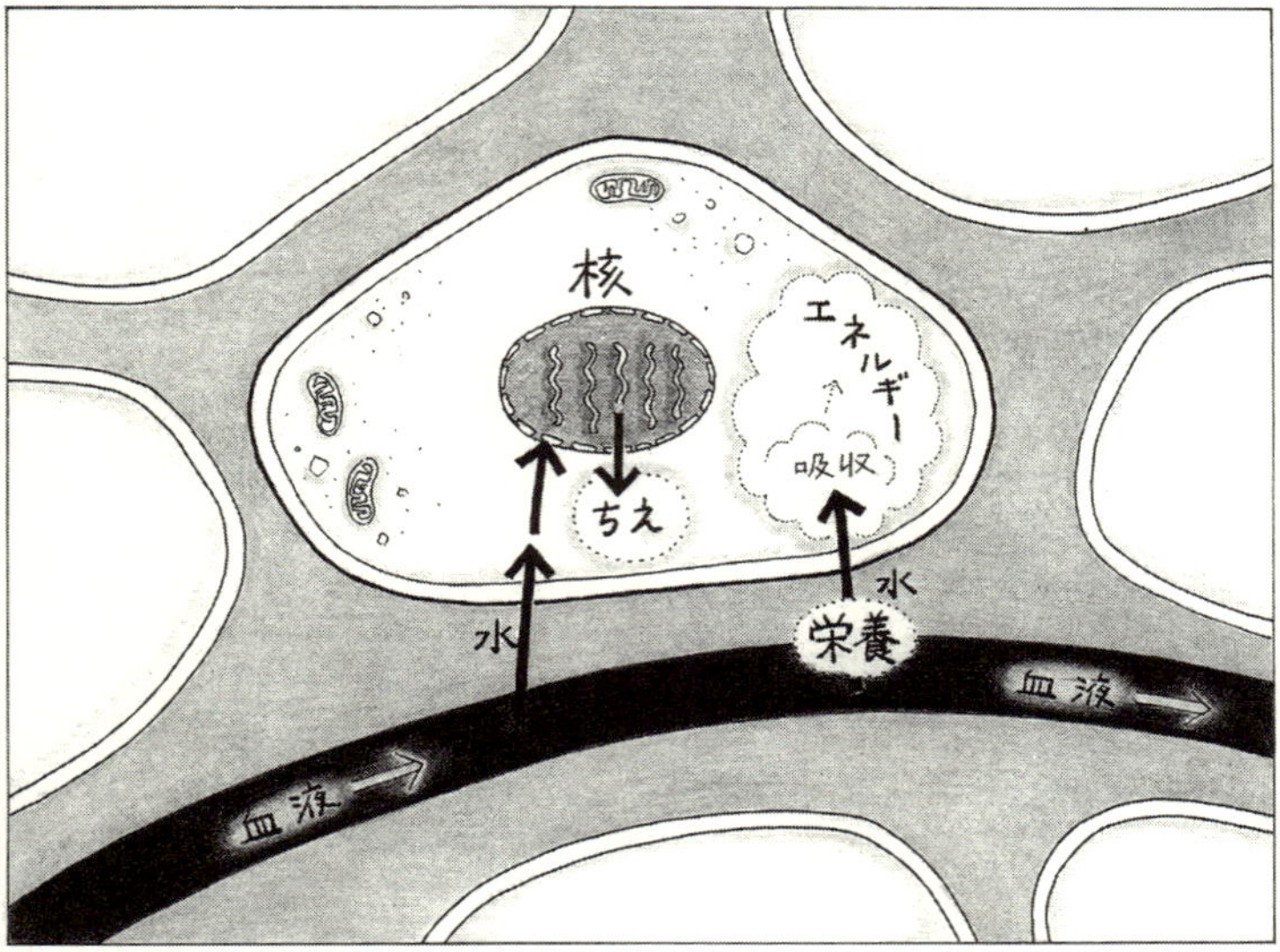
核
エネルギー
吸収
ちえ
水
水
栄養
血液
血液

祖先の知恵の情報を引き出す力が宿っているということなのです。こうしたことを考え合わせますと、どうして大昔から日本人が水でお清めをし、そしてお祓いを行ってきたのか、その真の意味を知っていただけるのではないかと思います。

——お清めやお祓いというものが、よく理解できそうです。そうすると、身近なことなんですが、日本人の風呂好きとよく言われますが、これもそういうこととつながりがあるんですね。

ええ、清めです。外国人のように垢を落とすという考え方は、本来の日本にはないんです。清めようということです。それは全部、祓いに通じるんですね。そうやって身を清める。我欲をなくすということをやっていたわけです。

お祓いと清めの厳しさ

——ところで、お祓いとか、お清めということでは、何か悪いことをしてもお祓いとかみそぎをすればいい。つまり反省がないといいますか、何をやってもお祓いをすればいいとか、そういう言い方で悪く言う人もありますね。

ええ、そういう人がいますね。でも、そんな簡単なものではない。お祓いというものは、もっと厳しいものです。それは自分の我欲を捨てるということですから、これはものすごく辛く、厳しいことです。神社では斎戒《さいかい》ということをしますが、これはとても厳しい。春日の祭りでも、大きな祭りになったら一ヶ月間、斎戒するとか、小さい祭りだったら何日間でいいとか、こういう決めごとが昔からあります。一ヶ月間、清らかな生活をしなさいということですね。すなわち、神社の中にこもり、外界との接触を避ける生活をする。今でも神社では、大きなお祭りの時には、それをやっていますが、とにかく今は、外の生活との接触を断つことが非常に難しい時代となっています。

いちばん典型的なのは、伊勢神宮の斎王《いつきのみこ》という女性がいるでしょう。それはすごいものですね。京都に野野宮神社というのがありますが、そこに何年もこもる。外界からの穢れを断ってはじめて神さまにお仕えする伊勢神宮の斎王になれる。いかにこれは厳しいかということなんですね。

――生半可なことではないわけですね。

ええ。それを考えたら、どんな悪いことをしてもお祓いをしたら清らかになりますか。なりません。それはまったくの理屈の考えですね。やれるものならやってごらんなさいと言いたい（笑）。

私はいつも言うんですが、仏教では滝に打たれたり坐禅をしたりして、修行というのをやりますね。神道にはそういう意味での修行というのはない。そうすると、神道というのは仏教よりもなまくらだと考える人がいる。

――たしかにそう考える人もありますね。

しかし、仏教でいう修行というのではなくて、我欲をなくして無我になって自分の罪・穢れを消すという祓いは、非常に厳しいことです。

自分のことを言って申しわけないんですが、私はあらゆることに我欲が許されないで、無我になるという生活をこの歳までさせられてきました。こんな厳しい人生というのはないでしょう。我欲を出せない。たとえば病気になっても神さまのお導き、どんな苦しみが来ても神さまのお導き、ありがたいと。これをやらないと無我にならないんです。これは、正直なところなかなかできない非常に至難の業ですね。

結核で死にそうになって、ありがたいとは言えないでしょう。でも、それをありがたいと言って無我になってしまったら、はじめて神の世界があらわれてきて、奇跡が起こったということなんですね。そして私の結核はなくなっていたんです。それからは、どんな状態になってもありがたいと。考えてみてください。こんな厳しい生活というのはないですね。神に接するというのは至難の業と思われるでしょう。

これも前に書いたことがありますが、私は小学校のときから、世界一になりたいと思っていました。私は頭がいいわけではないから、学校の成績はクラス一にもなれないし、スポーツでも優勝することもできない。音楽が得意でもない。何をやってもダメなんです。自分は何をやったら世界一になれるのか。そういう競争の生活ということでなくて、これだけは世界でだれにも負けないという自信を持ちたいと思っていたんですね。

そこで私が考えたのは、神さまに近づくんだったら、私は世界一になれるだろう。そう思ったんです。それで私は競争ということをやめて、すべて神さまのお導きに従って生きるという生活をやろうということで、本当にそうしました。ところが、厳しいんですね。どうしても我欲が出てきてしまう。自分で何かやろうという気が起きてしまうんです。しかし、それはことごとく失敗に終わる。それを経験して、やはり神に導かれるというのが本当だなということが、やっとわかってきたんですね。

今、こうして春日の宮司として奉仕をしていますが、もともとから春日大社の宮司になりたいとか、枚岡《ひらおか》神社の宮司になりたいとか、そんなことは夢にも思ったことはない。ただ神職の検定試験を受ける運命になってしまったから、それをがんばって、そのままきただけの話です。

これがまた非常におもしろい話で、最初に私は大阪国学院に入った。それは単に祭りの作法を覚えるために行ったんですが（笑）、あそこは二年行くんです。二年行って権正階《ごんせいかい》という、普通の氏神さまの宮司になれる資格を得られる。そこはそういう学校なんですね。しかも、みんな職業を持っているから、通信教育でやるんです。日本ではじめての通信教育の神職養成学校です。

ところが、一年行って、あまりにも勉強が厳しい。毎日医者の仕事が終わり、家で夕食を食べてから神道の勉強をしましたが、外科医としての仕事も厳しいので、これでは病気になってしまうというので一年で辞めてしまいました。それで私はもう一生、神職の勉強なんかやらないだろうと思っていたんです。そして三年たった頃、同級生が、せっかく一年行って、あと一年行かないのはもったいないということで、二年目の願書を私に無断で出してしまった。そうしたら、学校から入学式の通知が来た。「だれがこんなことをやったのか」と言ったら、友達なんですね。「断ってくる」と言って入学式に行ったんですが、そうしたら向こうの先生が「よく来てくれた。一緒に勉強しよう」と言うので、なぜかそのまま入ってしまったんです（笑）。

そうしたら、その年度で一橋大学出の秀才と一緒になりました。その縁で私とその人と一緒に勉強するようになり、毎年ほとんど合格者の出ない明階《めいかい》（官幣大社の宮司になるための資格）の検定試験に二人とも合格してしまいました。この友人がいなかったら、私は合格していなかったでしょう。当然、前の学年だったらもちろん会っていない。一年でやめて三二年行かなかったために、その友達と巡り合わせで一緒になったんです。ところが年目に再び入学したということが、この友人と巡り合う結果となったということは、目に見えない神の導きのような気がします。そういう運命というか、その人がいなかったら、お互いが明階を目指していない。二人が出会ったということが、神の導きだと思うんですね。すべて神さまのお導きで生かされるということにつながってくるんだと思うんです。それが、もし春日大社の宮司になるために明階を取ってやろうなんて思ってやっていたら、とてもだめでしょう。そういう無我の中に現れてくるのがお導きというものだと改めて感じました。

お米――日本人のいのちの源

――何度おうかがいしても、感銘深いお話でございますね。ところで、神社ではお日供として毎日神さまに朝夕のお食事を差し上げているということですね。そのお供えには、お米やお酒などいろいろなものがあると思いますが、そのあたりのところをおうかがいしたいと思います。

日本人は古来から共生という生き方をしてきました。自然、動物、植物とももちろんですが、神さま、ご先祖さまとも一緒に生活してきました。ですから、我々は毎日食事をするのですから、神さまにも毎日、朝夕のお食事を差し上げて感謝し、神さまと一緒に生活させていただくということをやっているのです。

春日大社でも奈良時代から毎日朝夕のお日供を行い、一日も欠かしたことはありません。雨であろうと雪が降ろうと、休日であろうとそのようなことは全く関係なく、奈良時代から続けられています。ここに日本人のすばらしさがあると私は思います。先ほどもいいましたが、春日にもいろいろな多くのお祭りがあり、また、ご本殿だけでなく、境内には六十のお社がありますが、その全部のお社のお祭りを、一度も欠かすことなく行っています。

これらすべて祭りというのは、神さまをお悦ばせする、神さまに感謝するということに尽きます。

神饌《しんせん》も感謝のこころでお供えする。いまではいろいろなところで取れたものがスーパーで簡単に手に入りますが、本来その土地で取れたものを、こんなにすばらしい豊作でしたということを感謝して、神さまにお供えする。そして、神さまに悦んでいただくのが神饌の目的です。この神饌の中でも特に、お米、お塩、お水、お酒というのは、すべていのちの原点ですね。そしてこのお米というものを、なぜ日本人が主食にしたのかということが重要なのです。

たとえばトマトの木からできた実はトマト、キュウリの枝からできたのはキュウリということで、みんな木と実が同じ名前がつけられています。ところが、稲だけが、できた子供を稲といわないで、米という。なぜなのか。どうして親と子が名前が違うのか。これは何でもないことのようですが、ここに日本人のすごい考え方があるのではないかと思うのです。

残念ながら米というのがどういう意味なのか正確にはわかりませんが、私が考えるには、「こ」というのは、オトコということで男を表し、「め」というのはオトメというように女を表す。ムスコ・ムスメも同様ですね。だから稲から男の子・女の子のいのちが生まれることを表わすのではないかと思います。日本人は、稲からできたものが日本人の生命の原点だということを、直感的に知っていたのではないか。それで、「こめ」と名付けたのではないかと思うのです。

ところで、この稲の話になると、南方から来たとか、中国のどこかから来たとか、いろいろな説が出てきて、みんなあれはどこそこの国から来たものだと、それがとても重要なことのようにいろいろと議論されていますが、私は、考えるべきことはそれだけではないと思うんです。たしかに、もとはどこかから入って来たのかもしれません。たとえば南方から来たにしても、重要なのはこれを日本の土地で植えたら、日本の土地の生命力がここから生まれてくるということを、昔の日本人は知っていたのではないかということなのです。

米がいつ頃からこの日本で穫れはじめたのか。縄文時代のいつかに入ってきたんでしょうが、それが弥生時代には日本各地に広がっていますね。交通も何もない時代に、どうやって米が広がっていったのか。これまた不思議だと思いますが、とにかく米というのが日本の地から本当の生命力を生み出すものだということを知ったために、どんどんと広がっていったのだと思います。

ですから、私は外国の米と日本の米というのは、違うものだと思うんです。品種は同じであってもまず味が違うでしょう。これは日本の土地に稲を植えると、日本人の体に合った日本人のいのちを伝える、本当のいのちを生み出す米がつくられるのではないか。いまはただ栄養学だけで、やれどこの米はどうのこうのと言いますが、これは栄養学という問題だけではなくて、この日本でとれた米を食べることによって日本人のいのちというものが続いているということが、大切なのではないかと思うのです。
いま日本人の米離れということが言われていますが、それが日本人の持つエネルギーの衰えの大きな要因のひとつではないか。すべて知識で、栄養学、カロリーだけで説明するから、間違ってくるんだと思うんです。米を取ったあとの糠《ぬか》を、糠漬けにして漬物を漬けるということも、漬物のなかに米のエネルギーを入れるのではないか。すべてそうなっていると思うんですね。

——なるほど。

とにかく米というのは無駄がないでしょう。最後に稲は藁《わら》にして使うでしょう。米はまったく無駄がないんですね。そういうものを日本人は直感的に知っていたのではないかと思います。だから、栄養学を一度捨てて、米というのは日本人のいのちの原点であるということを理解しないと、日本人は危ないと思うんです。それなのに、米が余っているから減反するとか、ああいうのはとんでもないことでしょう。
そしてもう一つ申しあげたいのは、米が普通の畑からできるものとは違って、水田からできるということがすごいことだと思います。泥のなかに生命がわいてくる。泥のなかに約三十八億年の昔、生命が誕生したんですね。泥の中にとてつもないパワーが宿っていることを、私たちの先祖はちゃんと知っていたんです。だから田んぼの泥で育つ米が日本人のいのちに不可欠なものなのです。

なぜお酒をお供えするか

——そういえば、お酒もお供えしますが、お酒もお米からできますね。

そうです。お酒もいのちの原点です。お米を発酵させてできるでしょう。前にも言ったように、酸素のない時代には発酵でエネルギーが作られているんですね。肝臓は発酵で糖をつくる。発酵というのがエネルギーを生み出すところの原点です。そういうことですから、米から発酵させて酒をつくるということは、先祖のいのちそのものだと思うんですね。

いまは酒を飲むと肝臓が悪くなると言いますが（笑）、とんでもないことですね。酒というのは生命力を与えてくれるものです。それをお供えするんですね。酒というのは、もともと酔うためにあるわけではない。日本人に生命を与える。だから、おそらく昔の人が酒を飲んだのは、お祭りのときだけだと思うんです。まずお供えして、それをいただく。ですから、酒が悪いように言われていますが、酒は悪くも何ともないんです。飲み方が悪いだけですね（笑）。

それに、いまの酒はいろいろなものを添加するでしょう。ここに間違いがあるんですね。

味をよくしようということばかりです。酒の原点は違うんです。酒の原点というのは、本当はどぶろくだと思います。いまでも春日祭では、大社で醸《かも》したどぶろくをお供えします。これが原点です。あれは何も混ぜていない。酵母の発酵だけです。そしてこのどぶろくを作る酒殿には昔からの素晴らしい酵母が住んでいるんです。あそこに米を入れると自然に酵母が入ってくる。そしていい酒ができる。これを昔から春日大社ではやっています。決してほかから酵母を持ってきて入れるということはしない。

——お酒というのは昔は貴重品で、ふだんは簡単に口に入るものではなかったのでしょうね。

ええ、そうですね。それをお祭りのときだけに造って、みんなにあげましょうというお供えだと思いますね。

——先ほど酔うという話が出ましたが、そういう意味でお酒というのは一種のトランス状態というか、日常と違う精神状態に持っていきますね。神がかりという言葉もありますが、いい意味での神がかりということと通じるようなことがあるのでしょうか。

あるかもしれませんが詳しくはわかりません。ところで、私は去年、大学の先生でお酒を専門に研究している人から、面白い話を聞いたんです。それは昔の日本人というか、縄文時代なら縄文時代の日本人が、どうやってお酒をつくったのかということで、そういうことを研究して、実際そういう方法でお酒をつくってみたそうです。そうすると、いまの酒とはまったく違った酒ができてきたと言うんですね。

その味は本当に純粋で、水に近い。それを飲むと、体が生き生きしてよみがえるような感じがする。酒というのは、本来はこういうものではないか。いまのお酒は違うのではないか。そう言われましたが、私もそれが本当ではないかと思うんです。酔うというのではなくて、清められるという感じだとその先生が言っておられましたが、なるほど本当の酒とはそういうものではないかと思いました。酔うというのはきっとあとの話ではないですか（笑）。

——酒は清酒といいますね。

そうですね。だから、神さまを酔っぱらわせるためにお供えするなんていうことはしない（笑）。お清めですね。お清めのためのものだと思います。お清めというのはすなわち祓いです。祓いというのは、いつもお話ししているように、罪・穢れを、除去するということではなくて、すばらしい生命力によって消すということが、祓いでありお清めです。ですからお酒をお供えするのは、お酒の持つ素晴らしい生命力によって清めることだと思います。昔からお酒は百薬の長といいますが、純粋なお酒を適量飲めば、体に生命力がみなぎり、清められるのではないでしょうか。それが二日酔いになったり、我を忘れるぐらい飲む、これは違うと思います（笑）。

見ることと認めること

――よくわかりました（笑）。最後ですが、宮司は以前に見ることと認めることは違うということを言っておられましたが、そのへんのところについてお聞かせください。

それだけでも一冊の本になるぐらいですが（笑）、これは動物と人間の五感の違いがここにはっきり出てくることでとても大切です。動物の五感の場合、たとえばものを見る目というのは、ただ見るというか、そこにものがあるというだけの作用しかない。ところが、人間は、そこにものの性質、そのすばらしさとか、美しさとか、そういうものをも見る。人間だけがそういうことを目で感じ取る。それが認めるということです。だから、見るということと認めるということは、全然違うことなんです。

五感の違いについてはまえにも話しましたが、動物は見るのは目だけで見、耳だけで音を聞きます。しかし、人間はそうではなくて、五感すべてで認める。すべてを使って、そのものの性質、美しさ、すばらしさを認める。それが人間の特徴で、そこが動物の五感と違うのです。それをどこでやっているのかというと、脳でやっています。動物と人間の脳は作りが全然違います。人間の脳の中には、神さまと祖先の知恵というものが入っているからこそ、ものの美しさとか、すばらしさとか、そういうものを認めることができるのだと思います。そうして認めることによって我欲が消えていく。これも一つの祓いだと考えています。

自然の花なら花の美しさ、自然の姿の美しさ、それから自然から聞こえてくる音のすばらしさなどによって、自分の身を清める。五感はそのためのものです。それがまた認めるということだと思います。

その反対のことをいうと、悪いことが見えるというのは、自分のこころのなかに悪があるから見えるわけです。昔から「聖人は悪を見ず」とよく言いますが、自分の体のなか、こころのなかに悪のない人は悪が見えないということです。これは本当だと思います。要するに神の世界や自然の美しさを見ようと思ったら、自分の我欲をなくすということだと思います。そうしたら見えてくるんです。見えないというのは我欲があるからです。

たとえばすばらしい名画を見ても、それを認めるだけのこころがない人には、絵のよさはわからないでしょう。どこがいいのかわからない。音楽でもそうです。音楽の素養のない人は、どんな音楽を聞いてもいい音楽だとわからない。ですから、認めるというのはすべて内にあると思うんですね。

「みとめる」というのは「目を留める」ということです。じっと見る。そうしたら、本当の姿がわかってくるということだと思います。

ところが、ほとんど自然のすばらしさを認めていないというのが、いまの日本人の姿です。すべて理屈、我欲の世界になってしまったために、真実の姿というのは認められなくなってしまったというのが、この現在の世界でしょう。

それではどうするのか。大事なことは、神さまに通じ、祭りに通じることですね。祓って自分の我欲をなくしたときに、はじめて神さまの姿が見えてくる。これはすべて祭りに通じるわけです。だから、「神さまというのはどんな姿ですか。神さまというのは何ですか」と言う人は神を認められないのであって、逆に自分の我欲をどんどん捨てていく人には神が見えてくるのです。いまの世の中は反対なんですね。

チルチル・ミチルの「青い鳥」の話ではないけれども、幸せを追い求めていったら、結局は自分のなかに幸せがあったわけでしょう。あれはたとえ話ですが、そういうことだと思うんです。自分のこころのなかに幸せというこころを持った人だけが、幸せを認められるのだと思います。自分のなかに不幸を持っていて幸せを追い求めても、絶対に幸せというのは現れてこない。ですから、すべて自分のこころのなかにあるものが見えてくるのだと思います。

病気もそうです。自分の体のなかに病気のこころを持つから病気が現れてくる。これは当たり前のことです。自分にそういう病気というこころのない人には、病気は現れてこない。こういうことなのですね。

――神さまのお導きということがありますが、そういうことともつながってくるということでしょうか。

ええ。どうやったら神さまが見られるか。どうやったら幸せになるか。どうやったら神さまのこころに近づけるか。どうやったら神さまのお導きが得られるか。これはまったく逆のことであって、そういうことではなくて、自分のこころのなかの我欲をいかにして捨てられるかということなんです。そうすれば、自然に見えてくる。認められるんです。この世の中はすべて逆になっているんですね。

本当の人生に目覚める

――宮司はいつも祭りの中に日本人の本来の生き方があるといわれますが、そのところをもう少し詳しくお話しください。

一般に、神さまは人間のいろいろな悩み、苦しみを聞いてくださり、それをお願いしたら聞き届けてくださって、我々を救ってくださると考えている人が多いのですが、しかし日本人の古来からの考えは、これとは全く逆です。本来の祭りには、人間の我欲の願いなど一切行っておりません。ただ神さまをお悦ばせするということだけを行っているのです。神さまがお悦びになれば、こちらからお願いをしなくてもお恵みをくださるというのが、祭りに見られる日本人の信仰のあり方です。

それではどのようにしたら神さまが悦んでくださるのか。これは何度も申しておりますが、これは自分自身のことを考えればよく分ることです。つまり、人間が一番嬉しいのは人から素晴らしいと認められることです。男性ならおまえの仕事は素晴らしい、おまえは立派だと言われたら、誰でも嬉しいでしょう。女性であれば、あなたはお若い、美しい、素晴らしい女性だといわれれば、怒る人はいないでしょう。

このように、神さまが一番悦ばれるのは、神さまの素晴らしいお姿を認めるということです。ですから、先にもいいましたように、祭りの前には祓いを充分に行って、自分の我欲を消すことができれば、神さまのお姿を認めることができます。そしてそれを言葉や歌、舞や神饌などで表現しているのがお祭りなのです。そしてひたすら神さまをお悦ばせすれば、願わなくても神さまはお恵みを与えてくださるのです。

人間の知識というものは、五感で感じた神さまのお姿を認めるためにあるのであり、またこれをいろいろな方法で表現するために神さまが知識を与えたのです。ところが、戦後の日本人はそれを忘れて、すべて自分の目先の欲を満たすために知識があると考え、何ごとも自分の理屈でものごとを考え、判断したために現在のような姿に落ちぶれたのです。ですから、私は日本人の原点のこころに返って欲しいといつもいっているのです。これは日本人として当たり前のことなのですから。

——我欲を捨てて生きていくということが、日本人の本来のあり方、生き方であるということですね。それはつまり、神道というのは宗教というよりは、日本人の本来の生活そのものであるということになるのでしょうか。

そういうことですね。もともと神道という言葉もないはるか昔から、日本人というのは神道に見られる生き方を根底にして生きてきたんですね。だから、どんな外国の文化が入ろうと、国にいろいろな災害が起ころうと、根底の神道の生き方だけは崩さなかったのです。そのために日本は安泰だったのでしょう。ところが、この戦争に負けてから、その根底のものを捨ててしまった。それで日本は危なくなってきてしまったんです。だから、日本人の根底の生き方というか、いのちというか、それさえ持っていれば、外国からどんな文明が入ってこようと何しようと、ビクともしないんですが、それを失ってしまったところに、日本の国が始まって以来、最悪の危機にいま直面しているということなのです。

何度も言うようですが、ユネスコの世界遺産になったというのは、その根底のものを、表面はいくら変わろうと持ち続けてきたということに外国人がびっくりして、感銘をうけて指定されたんですね。ところが、その続けてきた根底のものをいま日本人は捨ててしまったんです。これでは、日本は崩壊してしまいます。ですから、この根底のものをもう一度よみがえらせなければいけません。それは当たり前のことでしょう。

これについては、いわゆるの宗教という言葉が悪いのであって、宗教とは何ぞやということなんです。戦後はそういうことも知らないで、単に宗教法人法というのができて、それに何でもかんでも入れてしまって、神道も宗教の一つにしたというところに間違いがあるわけです。

そういうことではなくて、宗教法人法があるないにかかわらず、何千年も何万年も昔から日本人はこの神道で生きてきたのです。そういうことを思い出してほしいと言っているのです。なぜこれがわからないのか。法律に違反しているとか、そういうことをすぐ言いますが、それは自分で自分の首を締めてしまうようなことです。外国の真似をして、ただ法律だけで日本の伝統・文化を捉えようとしているから、このようになってきてしまったんですね。

宗教法人法で宗教にあてはめると決めたのなら、それはしかたがない。運営上は宗教法人の運営をしていきますが、そのこころは法律上の宗教の枠に収まるものではありません。だから皆さんには、宗教ということから離れて、日本人の本来の生き方に目覚めてくださいと言っているんです。お祭りの生き方に目覚めてくださいと言っているわけです。

神さまをお悦ばせするのが本来の日本人の生き方であり、そして、神さまだけではなくて、他の人間を幸せにする生き方をしてください。それは宗教でも何でもないでしょう。それは人として当たり前のことです。

そういうことに気がついた人がいまたくさん出てきていますが、言わないだけなんですね。しかし、言わないということはいいことのように思いますが、一面で言わないということは滅亡につながっていくんですね。本当のことを言って伝えなければいけない。私があちこちで、しゃべったり本を書いたりしているのも、そのことを伝えたいからなのです。

第五章　〈歴史〉をたもつ

大祓について

——最初に、大祓《おおはらえ》のことから入っていきたいと思います。前に、一口に大祓といっても「大《おお》祓式《はらえしき》」と『大祓詞《おおはらえのことば》』はそれぞれ違うものだとおうかがいしましたが、そのあたりのことからお願いいたします。

まずは「大祓式」についてですが、いまでも六月と十二月の晦日《みそか》に「大祓式」という儀式が行われています。これは日頃、我々が気がつかない間にいろいろな罪・穢れが体についてしまうから、年に二回は全部そういうものを祓って清らかな体になって、健康で幸せに生活しようということで昔から行われている儀式です。元来は個人的なものだけではなく、日本の国全体を清らかにしようという壮大な考えのもとに、大祓式というのは行われていました。日本人全体が清められれば、日本の国全体が清められる。こういう発想のもとに行われてきたのです。

しかも、そういうことだけではなくて、これは神さまに対する行ないなんですね。神さまに罪・穢れをお移ししてはいけない。これが根本なんです。個人だけが祓うのでなくて、日本国中の人々が祓って、神さまに罪・穢れをお移ししない。そして日本の国をお守りいただく。こういう壮大な考えでやっているのが大祓式です。外国とは全然考え方が違うわけですね。そういう日本国全体を祓うことができる祝詞《のりと》として、大祓式の中で『大祓詞』が唱えられます。

そしてこの大祓式だけはいまでも昔の形式を守って行われています。『大祓詞』を奏上する前に、「これから神の言葉を言うから、みんな聞けよ」という旨のことを万葉ことばで言い渡します。そうすると、みんなが「承知しました」ということで、いまでも「おう」と返事をします。そして「聞かせていただきます」という気持ちでいっせいに頭を下げるんですね。そして『大祓詞』が全部読み終わったときに、「わかったか」と言うと、また「おう」と返事をする。そういう昔の形式をいまでも伝えています。

そしてこの『大祓詞』ですが、この祝詞の言葉で罪・穢れというものを祓うんですが、それではこの言葉というのはいったい何かというと結局、こころの波動が呼吸で空気に振動して音となったものが言葉で、それが伝わって耳から聞くという、そういうことなんですね。神の言葉を聞く、神の波動を感じてそれを体のなかに入れることによって、罪・穢れが消えていく。『大祓詞』というのはそういう神聖な言葉で、これを誰がつくったのか知らないけれども、昔、藤原氏の祖先である中臣氏のなかに神の声を聞くすばらしい人がいたと思うんです。恐らくその人が神の言葉を聞いて、それを文章にしたのが『大祓詞』なのでしょう。

日本には昔からのいろいろな祝詞が残っておりますが、特に『大祓詞』というのはそのなかで最も古い祝詞の一つなんですね。最も古い祝詞を集めたものが平安時代に出された『延喜式《えんぎしき》』という書物ですが、そのなかにも載っています。しかも、この祝詞だけがずっと続いて、いまでも日本全国の神社で唱えられているというすごい祝詞なんですね。この祝詞だけがどうして唱え継がれてきたのかというと、そこに神のいのちが伝えられている。そういう神の言葉であるから続いているのだと思います。これを唱えることによって、祓いということを行ってきたのです。

春日大社でも毎朝、朝拝の時、太鼓に合わせて大祓の祝詞を唱え、また神社で行われている多くのお祭りには必ずこの祝詞を唱えています。ですから、毎日なんべんも唱え続けているのですが、最近になってようやく私は、この大祓の祝詞が神の言葉であり、そのなかに神のいのちが現れているということを、体の奥から理解できるようになってきました。「神は理屈のない世界におられる」ということはいつもお話ししたり書いたりしていたのですが、私自身、恥ずかしながらその意味を深く考えなかったため、今日まで、『大祓詞』の中に一つも理屈がないということに全く気がつきませんでした。見事にリズムに乗った素晴らしい文章です。この名文を、一つの理屈もなく書き上げるということは、普通の人間の知識でできることではありません。これは神の声を実際に聞くという体験をした人でないと書けない祝詞であり、だからこそ、この『大祓詞』は神の言葉であり、そこに神の生命が現れていると思うのです。それゆえ、これを唱えると、罪や穢れという全て我欲によって現われ出たマイナスの欲が、神の力によって消えて祓われるということなのです。

私もいままで何冊も本を執筆してきましたが、その時、できるだけ理屈でない文を書こうと努力してきました。知識で書くとどうしても理屈の文になってしまい、心が伝わらないからです。そしてその理屈でない文を書くことがどれほど難しいことであるか、ずっと体験してきました。理屈でない文を書くためには、それは自分が体験したことでなければ書けないのです。私の体験からいっても、大祓の祝詞は、神の存在を体験した人が書いたとしか思えないのです。

神のことばの力

ところが、そういう『大祓詞』を、人はいつの日か漢字で理解しようとするようになりました。そうすると、特に最近の人はなにごとも理屈で考えようとしますから、祝詞の漢字の意味を訳そうとするんです。しかし、漢字の意味を訳してしまうと、本来の神の言葉は伝わらなくなると思うんですね。ですから漢字の意味を考えないで、そのままのとおりに唱えなさいと言っているんです。漢字を読むとどうしてもいまの人は、漢字の意味というものをすぐ考えてしまうからです。

そこで私は、春日大社の『大祓詞』を全部仮名にしたのです。仮名を読みなさい。日本

ひと雛まつり

語は、「あ」「い」「う」「え」「お」一言ずつに意味があるという独特の言葉だから、意味を考えずに『大祓詞』の仮名を一言一言はっきりと言いなさい。そうやって無我になって唱えたとき、はじめてそこに神さまが現れ出てこられますよというのです。

たとえば「たかまがはら」というと、漢字では「高天原」と書いてあるでしょう。そうすると、高い天の原というのは何であろうかとすぐ考えるんですね。この高天原というのは、あくまでも漢字のあて字です。「たかまがはら」というのはそういう漢字に込められた意味ではなくて、「た」「か」「ま」「が」「は」「ら」という一字一句に意味があるんですね。

それではそれはいったいどういう意味かと聞かれても、私を含めていまの人には理解できない。いまの人は理屈で解釈しようとするから、理解できないんです。神の言葉というのは理屈を超えた言葉ですから、「たかまがはら」という日本語の並びによって、すばらしい神のこころを伝えている。だから変に理屈で考えないでそういうふうに思いを改めて大祓の祝詞を唱えないと、神さまはそこに現れていらっしゃらない。これを無私のこころで唱えるときはじめて、本当に神さまが現れてこられると思い、そう皆さんに申しあげているのです。

私の孫はいま幼稚園で小さいけれども、母親が毎朝、家で神棚に大祓を唱えるものだから、それを聞いて全部暗記しているんです。毎朝、母親と一緒に大祓をはじめから終わりまで全部唱えている。その意味というのはまったくわかっていないけれども、ただ耳から聞いた母親の言葉をそのまま唱えている。ある意味でこれが本当の大祓ではないかと思うのです。

子供というのは実にすばらしい。特に子供の暗記力というのは大人とは比較にならないほどすごいですね。子供というのは素直だから、聞いたものを先入観なしにすぐ覚えてしまいます。これで身についたのが本当の大祓ではないかと思います。大人になるとどうしても、理屈で考えてしまう。これでは大祓の本当のお恵みというのは現れてこないのではないか。子供にはいろいろ教えられることが多いですね。

以前に、知人の家で神道のお葬式をやりました。おじいさんでしたが、お葬式が終わったあと、家人からこれから毎日どうしたらいいんですかと聞かれましたから、毎朝大祓を唱えてくださいと申し上げ、五十日祭にはまた来ますから、そのときには皆で唱えましょうと言って、大祓の祝詞を書いたものを渡しました。そして後日、五十日祭の奉仕に行ったんです。そして私が『大祓詞』を唱えはじめたら、大人の人はみんな大祓の祝詞を見て読みはじめた。ところが、その中に小学生の女の子がいたんです。その子は、何も見ないで全部はじめから終わりまで一字も間違わずに唱えたんです。参列した人はみんなびっくりしていました。

それは何も教えたわけではないんですが、親御さんが毎日、私に言われたとおり、大祓を神棚にあげていたら、いつの間にかそれを覚えてしまって、はじめから終わりまで唱えることができるようになっていたのです。その時、私は感動し、これが本来の日本人の大祓の姿ではないかと改めて思ったのです。

もし日本の国全体でそういうことが本当にできたならば、それこそ日本国中に神の姿が現れてくるのではないかと思います。それほどすばらしい神の言葉が大祓の祝詞です。

これがなぜ千年以上も続いているのか。そうすると、これは神道という宗教の祝詞だとすぐ言う人がいますが、これは宗教などと言われる前、はるか千年以上も前から日本人が唱えてきた言葉なんです。こうした祝詞も、いまはこちらから神さまにいろんなお願いをするという形式に変わってきてしまいましたが、もともと祝詞というのは、神さまの言葉を伝えるというのが本来の姿です。

「のりと」の「のり」というのは、「のる」＝「宣る」から来た言葉で、宣言するという意味です。「と」というのは響いてくるという日本語です。ですから、雨戸というのは、雨のパラパラという音が響いてくるということですね。だから「のりと」というのは神さまの言葉が響いてくるという意味です。これはまさしく神さまの祝詞です。そういうことで、これは神さまが言っておられる言葉なのだという心持ちで、皆さんに唱えてほしいと思います。

朝のお参りでは神職が『大祓詞』を上げていますが、この六月と十二月の晦日の大祓式には、一人でも多くの人が神社に来て、大祓を受けてほしいと思います。そうすることによって、乱れた日本の国が少しずつでも清らかな国になっていくのではないかと思うのです。

しかし残念ながら今日では、お祓いでも自分だけ祓われたらいいというような、祓いも利己的になりがちになってしまっています。本当はそうではなくて、国全体を清めたい。みんなが幸せになるというのが大祓式の大祓の祝詞です。これを行ってきた日本人のすばらしさというものを今一度思い返し、そして伝えていってほしいと願っています。

――祝詞というのは、そういう言い方でいいますと、神さまの言葉の力ということでしょうか。

全くそのとおりです。祝詞というのは神さまのこころを音で表現したものなんです。アメリカには、神社をつくって毎日祝詞をあげているというアメリカ人の神職がいるそうです。その人が毎日、日本語で大祓の祝詞をあげている。ある人が、これはアメリカ人に聞かせるのだからなぜ英語に訳して唱えないのかと聞いたら、英語に訳したらその意味がなくなりますと言ったそうです。

この『大祓詞』というのは、言葉の意味ではなくて、神のこころの波動である。その波動を伝えているのだから、これを訳したら大祓は意味がなくなると言って、毎日、日本語で唱えているということで、私はこの話を聞いて、実にすばらしいことだと感じました。

同じような話ですが、今年の五月にアメリカから若い女性が来社し、神社に泊まりこんで神道の修練をしました。この人は日本人以上に、神道に対する信仰心が厚く、私が大祓の祝詞を全て縦書きのローマ字で書いて、毎日それを唱えるように指導したら、二、三日で我々神職と同じスピードで唱えるので、皆びっくりしました。彼女は「この『大祓詞』は神のパワーですから意味を理解する必要がありません。これを唱えることによって神の力が現れてくることを体で感じています」と言ったので、日本人以上に神道を深く理解しているのだと驚いてしまいました。日本人が忘れてしまったことをアメリカ人が知っている。これではまるで逆ではないかとも思うんですが（笑）。

前にも話しましたが、アメリカで神道の講演をしたときにも、神社とか、神とか、恩とか、そういう言葉を訳さないで、日本語のままで伝えたんです。ところが、それでもアメリカ人に通じたんですね。訳したら通じるとみんな思うけれども、訳したら逆に、こころがわからなくなってしまう。訳さなかったから、かえって逆に通じてしまったということでしょう。その時、やはり言葉というのはこころだなと私は痛感したのです。

——翻訳したほうがかえって通じないということがあると。

ええ。だから、ますます大祓というのは訳してはいけないと思いました。訳さないでそのまま唱えるところに、はじめて神のこころ、大祓のこころというものが通じるということが、今回の海外講演でも改めて感じられました。

神という言葉の意味

——それにしても最近は日本人でも、神さまと言っても通じない人がおります。以前からテレビなどで、「あなたは神を信じますか、信じませんか」という問いに対して、科学の時代でも証明できないことがたくさんあるから、私は神を信じるとか、あるいは逆に、科学の今の世に、神など信じないと答える人もいますが、これこそまさに、ナンセンスな質問だと私は思うのです。日本語の神という言葉の意味も知らないで、信じるとか信じないということは、全く馬鹿げたことだと私は思います。日本は八百万《やおよろず》の神を信じてきましたが、その神という意味を今まで誰も説明できた人はおりません。

江戸時代の国学者である本居宣長でも、神について「尋常《よのつね》ならずすぐれたる徳《こと》のありて可畏《かしこ》き物」と人間をはるかに超えた素晴らしいものであるという説明はしておりますが、それ以上のこと、神さまの本質について述べることはできませんでした。戦後、神道の本に、神とは「隠れ身」であるということがよく書かれ、目に見えず神さまは隠れていらっしゃるという解釈がされていましたが、それだけでは本当の神という意味を言い尽くしたとは思えません。

私はむしろ神という言葉は、理屈では説明できない言葉、仏教でいうナムアミダブツの、ナムという言葉と同じような言葉ではないかと考えています。このナムという言葉は、「南無」と書きますけれど、これは全く理屈ではない言葉であり、しかし仏に通じるという、いわゆるご真言です。

神という言葉は、これと同じようなご神言だと私は考えています。ナム・アミダブツと、ナムがアミダ仏の上につくのは、お経は中国の言葉、漢文で書かれておりますから、中国の言葉は英語と同じように全て上に返る文体で、例えば「学校に行く」という場合には、「行く学校」と書きます。こういう中国の言葉のために、ナムがアミダの上についているのです。

ところが日本語は、話しの順にできていますから、例えば「学校に行く」といえば、その通りに書かれます。このことから、神は下につき、天照《あまてらすおおみかみ》大神を読む時には、天照さまを読む時には、と、神が下につくのです。これは中国語と日本語の言葉の違いだけで、上につくか下につくかの違いです。

ですから神という言葉はナムと同じく、理屈では説明できない言葉であり、しかも天照大神などの、いわゆる神に通じる言葉だと思うのです。ですから天照さまと一緒になりたい時には、天照大神と唱えるのであり、そして、そういうものを全ての自然の中に認めたために、八百万の神を信じるという神道ができたのではないかと思っています。

日本のこころを伝える――海外講演にふれて

――ところで、海外で講演するのは大変なことだと存じますが、また逆に、海外だから見えてくることもあるのではないでしょうか。

ええ。今回オランダとアメリカという二つの国でやりましたが、同じ外国でもその国柄の違いというものを痛感しました。というのは、アメリカというのは二百年の歴史しかないので、歴史に対する観念がオランダとまったくといっていいほど違うんですね。

――希薄なのですか。

希薄というのではなく、理解してもらえないんです。アメリカ人に、何千年という日本の歴史や伝統を伝えるということが、いかにむずかしいかということを痛感しました。ところがオランダのほうは、やはり歴史がありますから、通じ方が違います。オランダのほうがそういう意味では通じやすい。そこに歴史があるからなんですね。そこにまた、歴史という理屈を超えたもののすごさというものがあるわけです。

――おもしろいものですね。

ええ。歴史というものの重さをつくづく感じましたね。やはり歴史があると、他の国の伝統というものを本能的に理解するというか、そういう能力が備わるんですね。だから、単にオランダだからオランダ語に直したらいいんだとか、アメリカだから英語に直したら理解し合えるんだとかいうレベルの話とは違うのです。

とくにオランダというのは、日本との接触が四百年とか、徳川時代のはじめごろからあるでしょう。日本人は、そんなものは単なる歴史上のできごとだと思っているかもしれませんが、そこに日本人とオランダ人の相通じるものがあり、そのお互いの国の歴史、そしてお互いの関わりの歴史というのが非常に重要ではないかと思うのです。

そういうことは歴史的には知っているけれども、たとえばそれがオランダと日本を理解するポイントになっているということに、案外みんな気がついていないんですね。お互いの素晴らしさを理解する力が歴史にある。それが歴史の偉大さということでしょう。戦後、過去の歴史を否定し、現代だけでものを解釈するようになってから間違ってきてしまったんだと思います。

――そのへんで一つおうかがいしたいのは、一般的に考えて、神道というと日本古来のものであるという認識がありますから、神道がそういうふうに海外に出ていって講演とか儀礼をするというのは、非常に例が少ないと思います。そういうことについて宮司はどんなふうにお考えですか。

私の目的の一つは、戦後、日本人というのは非常に誤解されているでしょう。お金もうけのアニマルだとほとんどの人が思っている。だから、そうではない。日本人というのはこういうすばらしい生き方をした民族であるということを知らせたい。世界の人々に本当の日本人というものを知らせたいというのが大事な、そして大きな目的なのです。次に、こういうのが本当の生き方なんだから、できたら皆さんもこういう本当の生き方をしてくださいと、そういう思いもあって行ってお話をしているわけです。

いままで、能や歌舞伎、生け花やお茶など、いろいろな日本の文化を外国に紹介して理解を深めようということが昔からやられてきましたが、ただ文化を見せただけでは、日本のこころというものは通じない。そうではなくて、それ以上の日本のこころ、日本人の人生観を伝えたいと思っているのです。最初は通じないだろうなと思っていたんですが、行ってみて逆に伝え方によっては、ちゃんとこころというのは通じるものだとわかり、思いを新たにしました。

——なるほど。こころを伝える。

ええ、こころを伝えようと思っています。

——それがいちばんむずかしいことですね。

たしかに、むずかしいことです。だから次に行く機会があれば、講演と同時に舞楽、衣《え》紋道《もんどう》も一緒に披露するつもりですが、たんにその形を見せるというのではなく、それ以上にそのこころを示したいですね。衣紋というものはどういう日本人のこころから生み出されてきているのか。舞楽を千何百年も伝えてきたこころというのはどういうものなのか。

そういうことを伝えたいと思っています。

日本文化の原点とは

ここで少し要点だけを申し上げますと、舞楽というのは、外国から伝わってきた芸能です。シルクロードを通って入ってきたものが多いのですが、そのもともとの国々では宴会の娯楽として演じていたんです。だから、いまは滅びてしまってありません。それに対し日本では、神をお悦ばせする神事にしたために現在も残っている。これを伝えたいんですね。そういう意味で、神さまをお悦ばせするということは、本当にいのちが伝わることでしょう。これは真実です。こういうことを伝えたいと思っています。

だから、舞楽の舞はどう舞うとか、それは二の次です。いままでは、舞楽というのはこういう種類があって、こういう歴史の流れがあって、この舞はこういうことを表現しているとか、そういうことを主に説明してきたのですが、それでは充分に通じ合えないんです。そうではなくて、その根底にある日本人のこころを、舞楽とか、そういうものを通して伝える。表現したいんです。もちろん今まで通りの説明もやりますが、私の説明というのは、束帯《そくたい》でも十二単《じゅうにひとえ》でも、この装束はこういうものからできているとか、そういうことを超えて、なぜこうした衣紋道というものが続いているのかという、そのこころですね。要はつまり、日本人の、内面からの美を表そうというこころです。しかも、神さまに見ていただいて、神さまに悦んでいただこうということで、美を表しているということです。

こうした日本の装束の原点は重ね着にあるんです。何枚も何枚も重ねる。これによって美を表そうということです。外国のものはそうではなくて、洋服を着て、それにいろいろな飾りをつけて美を表わそうとするでしょう。

――デコレーションをすると。

ええ。この十二単には何の飾りもついていない。しかし、何枚も何枚も重ねて、襟が何枚も出てくる。色目といいますが、そういうことによって美を表す。重ね着ということが日本の美の原点ではなかろうかと思います。この十二単の装束が完成したのは今から千年以上前の平安時代ですが、ヨーロッパでは、千年以上前というと、女性はただきれを体に巻くという服装をしていたのですが、日本はすでに十二単という素晴らしい服装の文化を持っていたのです。これは今申しましたように、重ね着によって、神の美を現わそうという日本人独特の美的感覚から生まれてきたもので、この形は千年たった現在でもまったく変わっておりません。

日本文化というものは神を現わす、神さまにお悦びいただくというところから発達した文化ですから、完成した時には、ほとんど完璧なものができていて、それから千年たった現在でも全く変わらないのです。また変わりようもないほど完璧なのです。これは日本人の素晴らしい文化だと思います。

——なるほど。

そのために、いま考えているのは、絵本なんですね。日本の歴史を通じて、日本の国はこんなすばらしい国なんですよということを、子供に伝える。そういう子供の絵本を作って伝えようと今やっています。ただ、いちばん困るのは絵です。記録がないんですから。縄文時代にどんな着物を着ていたのかだれもわからない。でも、十二単とか、古い時代の服に込められた日本人のこころをさかのぼっていったら、縄文時代にどんなものを着ていたかというのがわかると思うんです。

その原点となるのが重ね着ですね。重ね着と、そしてきれです。洋服のように立体裁断をしていません。いまでも祭りに着るものは、たとえば狩衣《かりぎぬ》とか、みんな平面の裁断です。こうした装束を重ねて着ることによって、寒さをしのいだと思うのです。こうした日本人の着物に対し、外国人の着物は、肉を食しているから、たいていその獣の毛皮ですね。動物の毛皮をまとうでしょう。それで寒さをしのいだ。

そうすると、よく縄文時代というとクマの毛皮を着て梶棒《こんぼう》を持った姿を描くんですね（笑）。縄文時代だったらこうだと、野蛮な姿に描くけれども、これは外国の知識から来ているんですね。日本人がクマの毛皮を着たりはしていない。日本人はもともと動物を殺してその皮を着ようなどという発想はなかったと思います。日本人の着物は、ほとんど木の繊維から作られています。日本人は自然の木というものを大切にし、そしてその木の繊維から作られる着物というものを非常に大切にしてきました。現在、春日大社で行われる春日祭に、朝廷からの御幣《ごへい》が奉納されますが、これはすべて着物の反物《たんもの》です。それほど大切にし、そして神さまに捧げるものとしたのです。

とにかく、そうしてこころをさかのぼることによって本当の姿、本当のことがわかる。今までのものというのは、推測で書いたイメージが多く、そんなものは本当でも何でもない。それよりか、こころをさかのぼればわかると思うんです。私は日本人だから、ご先祖さまの心をさかのぼり理解すれば、その生き方が見えてくると思うのです。

——宮司は歴史と伝統から日本人のいのち、日本人のこころが伝わってくると言われますが、そのことについて、もう少し詳しくお話しください。

最近の若い人たちは歴史の教育を受けておりませんから、例えば明治の話をすると、もうこれは過去のことで私とは関係がないと考える人が多く、また戦前の昭和のことでも、私は生まれていないから知らないとすぐ言います。歌謡曲の歌でも古い歌になると、私は生まれていませんから知りませんと当然のごとく言います。これは一見当り前のように見えますが、歴史を知りませんから、昔のこころが伝わっていかないのです。私は昭和生まれですが、戦前の教育を受けていますから、明治時代のことや明治維新のこともよく知っております。昔歌われた歌も知っております。それだけでなく、昔のことも知識ではなく、体で知っております。それは、昔は歴史から日本人のこころを伝えておりましたので、いいくら昔にさかのぼっても理解できたのです。つまり歴史を伝えていないということは、いかに現代の人が日本人のこころを理解していないかということなのです。

――なるほど。

いつも言っているように、アインシュタインが世界を救えるのは日本人しかいないと言ったというのは、真実だと思うんです。うぬぼれるわけではないけれども、なぜ日本人が日本列島に生まれたのかということですね。これは偶然ではなくて、やはり神さまが日本列島というものをつくられて、そこに人を二万年以上も住まわせて、そしてこういう真実の生活をする日本人を誕生させたのではないかと、私は本当に思っています。だから日本人の生き方こそ、世界の平和に沿う生き方だと私は信じているのです。

ですから、日本人もそういう誇りを持ってほしいのです。すばらしい生き方をしているんですから。しかし、日本人はすばらしいというと、すぐハイテク技術がすぐれているとか、そういうことだと思って威張ってしまいますが、私はそんなものはすばらしいとも何とも思っていない。そんなものより人生観ですね。この人生観こそ、本当の素晴らしさだと思うんです。だから立派な人というのは、すごい仕事をしたということよりも、本当の人生を歩んだ人ほどすばらしいと思うのです。

草食か肉食か

――ところで、日本人と外国人の違いとか共通点についてはどうお考えなのでしょうか。

もちろん人間としては共通したところがたくさんありますが、しかし人種、民族としては日本人というのは他の国とはまったく異なった民族だと思うんですね。それはひとつには、日本列島という世界でも最も恵まれた環境に育ったということが大きな要因でしょう。そして食べ物でも外国人は肉食で、日本人は草食だということが、もうひとつ大きな要因だと思います。

動物にも肉食動物と草食動物がいますが、やはり肉食動物というのは非常に力もあって強い。しかし、どちらのほうが増え、どちらのほうが栄えているかというと、弱いとされる草食動物のほうが栄えているのではないでしょうか。そのほうが圧倒的に数も多い。それが生物の生き方の根本ではないかと思うんですね。

ですから、ライオンとか、トラとか、そういう肉を食べる動物というのは、非常に力が強いんだけれども、数は減り、滅亡の一途をたどっているでしょう。それに対して草食動物というのは、数が多いですね。シカなどもたくさん群れをなしている。弱いんだけれども栄えていますね。そういう違いがあると思うんです。だから、外国人は背が大きくて力

素直

はあるけれども、栄えるのは日本人のほうではないかと思うんです。日本人ほどの草食民族というのは少ないですからね（笑）。

肉食の動物というのは、当然肉を食べて生きているのですが、この肉というのは食べると必ず腸のなかで腐敗する。だから、肉をできるだけ早く外に出すという仕組みになっていて、腸が短いんです。草食動物に比べて肉食動物は非常に腸が短い。ところが、草食動物は植物繊維を十分に消化して、それを体内に取り入れるという、いわば本当の生命力を取り入れるという仕組みになっているから、草食動物の腸というのは長いんです。ライオンやトラよりも、ウシやウマのほうが長いんですね。

人間にも肉食型人間と草食型人間とがいて、外国人でも肉ばかり食べているのは肉食人間ですから腸が短いんです。ところが、日本人は植物を主体として食べている、いわゆる草食人間ですから腸が長い。腸が長いということは、十分に植物を消化して植物の生命力を体のなかに取り入れることができる。こういう特徴があるんですね。

だから、日本人というのは外国人に比べたら順応力が非常に強いんですね。それは食べ物の違い、体の構造の違いからくるんだろうと思います。前にも言ったように、日本人は昔、背が低かった。あまり太ったのはいなかった。外国人は背が高くて太っている。ところが、背が高いほうが優秀なんだということで戦後、肉食をどんどん取り入れて、日本人の若者はやたら背が高く、体格が立派になった。しかし、それで進化したのかというと、私は逆に退化したのではないかと思うんです。体力がない子供ばかりができてきてしまったでしょう。

日本人がなぜ背が低くて、あまり太らなかったのかというのは、やはり二万年も日本列島というすばらしい環境の中で生活し順応してきたためだと思うのです。そして日本人という民族ができたんです。だから、背が低いというのは何も劣っているということではなくて、かえってすぐれていると思うんです。外国人は膨大な量を食べるでしょう。食べる量も外国人に比較したら日本人は少ないでしょう。外国人の方だと思いますね（笑）。だから世界が食料難になったときに生き残るのは日本人の方だと思いますね（笑）。外国人はたくさん食べないと生きていけないでしょう。ところが、日本人は少量でも生きられる。そのために体が小さくて痩せているということなんですね。

そういう日本人の根底となるものを全部捨ててしまって、ただ栄養とか、カロリーとか、背丈とか、そういうものだけで考えるから、間違ってきたのではないかと思うんです。

――いま肉食の話が出ましたが、青い目の外国人が坐禅修行をしていて、肉を全然食べなくなった。たまに肉を食べたりすると、文字どおり血が騒ぐというんです。血が騒いでしまって、非常に落ち着かなくなる。また肉をやめて野菜だけにしていくと落ち着く。そういう話を聞いたことがありますが、いま宮司の話をうかがいながら、なるほどそういうこともあるのかなと思いました。

そうでしょうね。今はわからなくなってしまいましたが、陸上競技で昔は白人は短距離が強かったんです。それに対して日本人は長距離が強かった。つまり持久力があったわけです。いまは日本人も外国人と同じような体格になってしまったから、もう持久力もなくなってしまいましたが、その持久力はどうしてかというと、やはり植物を中心とした食事をしてきたからだと思うんですね。

だから、よく言うように、ライオンとか、ヒョウとか、トラが獲物を追いかける。そして、シカとかシマウマが逃げるでしょう。肉食動物は瞬間の短距離の速度は速いんですね。ところが、短距離で捕まらなかったら、絶対に捕まらない。草食動物は、短距離は負けるけれども、長距離を走れる。その草食と肉食の違いですね。日本人も肉食になってしまったものだから、この持久力がなくなってしまったんです。

本当の国際化とは

――これだけ世界も狭くなってきて、国際化とか、グローバリゼーションとか、いろいろな言い方がされていますが、本当の意味での国際化とか、地球は一つであるというところで、今私たちはどのように生きていくべきなのか。そのへんのところはいかがでしょうか。

国際化、インターナショナルという言葉を、日本人はまったく間違って理解していると思います。国際化というと、外国の言葉を覚え、より外国の真似をして、外国と同じようなことをするのが国際化であると多くの人は考えていますが、私はこれをやったら日本は滅亡すると思うんですね。

なぜそんなことを言うのかというと、それは人間の体の仕組みを見てもらったらわかると思います。体というのは、一個のお母さんの卵細胞からすべて分裂してできているわけでしょう。だから細胞というのは全部、その起源は同じものです。ところが、それが場所によってグループをつくると、それぞれ違った働きをする。たとえば目とか、鼻とか、耳とか、口とか、胃とか、腸とか、みんな同じ細胞ですが、場所によって全然違う機能を出すようになる。それぞれ機能の違うグループ同士が、みんなでバランスを取ったときにはじめて、人間というのは健康に生きられるという仕組みになっているんですね。

国際化というのはこれと同じだと思うんです。だから、なぜ民族ができたのか。なぜ国ができたのか。つまりそれぞれの国、それぞれの民族が、その民族の特色で生きるということが大事になるのです。そして、お互いがバランスを取って調和していく。これが本当の国際化であり、そのときはじめて安定した素晴らしい世界になると思うんです。

みんな同じことをやってしまったら滅びてしまう。違うものがバランスを取ることによって調和が取れるのです。ただ、違うものといっても、まったく違うものではなくて、もとは同じものなんですね。お母さんの卵細胞と同じで、もとは同じものなんだけれども、それが違った機能をして、それがバランスを取ったときにはじめてそこに平和が現れてくるのだと思います。

もう一つ、地球というのは、太陽から分裂してできたものですね。地球というのは太陽の一部だから、地球と太陽は同じものなんです。だから、地球と太陽でバランスを取ることができるわけです。しかし太陽とは別に自分で自転しながら、太陽の周りを回ることによって地球上に生命が誕生した。これが原点だと思うんです。だから、地球が太陽と同じように核融合でエネルギーを出していたら、地球は滅びてしまうでしょう。原点は同じなんだけれども、違う働きをしてバランスを取ったときに、はじめて生命が誕生する。こういう仕組みだと思うんです。

ですから、もとは人間で同じなんだけれども、民族ということになると、それぞれ違う民族になっていく。それぞれの特色を出して生きていく。日本でもそうです。地方ごとに特色を出して、そして全体がバランスを取ったときに、日本の国は栄えるんですが、戦後は新幹線などの交通の発達、情報網の発達などによって、どんどん地方の特色が薄れ、全部同じようになってしまったでしょう。

——そうですね。

地方がなくなってしまった。みやげものも全部同じです。どこでも買える。これがいかにも近代化のように思われていますが、これをやると日本は滅びてしまうんです。昔は駅弁というのがあって、汽車が止まったら窓を開けて弁当を買う。その地方でしか味わえない弁当とか食べ物があったでしょう。いまはないですね。どこでも食べられる。これはいようで、実は大変な危機ではないですか。すべてが東京に集中してしまって、全部同じになってしまう。そうではなくて、地方ごとの特色で生きていかないと、滅亡につながっていくと思うんです。

——独自性といいますか、そういうものの喪失につながっていきますね。

その通りです。日本でも、地方は地方の特色を持ってほしい。たとえば言葉でも、方言というのはそこの歴史からできてきた言葉ですね。これを古いとか、みっともないとかいうことで、全員が東京弁でしゃべったのでは滅びてしまいます。九州の人は九州弁でしゃべってもらうほうがいい。東北の人は東北弁でしゃべれば、その地方の活力というのが出てくると思うんです。

東北弁のしゃべり方というのは、寒い地方に適した言葉でしょう。これを熱帯の発音でしゃべってもらっては困るんです(笑)。そういう意味では、日本語は日本列島に適した言葉でしょう。二万年もここに住んでできた言葉が日本語ではないですか。ヨーロッパの国はそれぞれの国に住んでいてできてきた言葉でしょう。そこに意味があるわけです。その根本的なことを忘れて、国語教育より英語に力を入れた教育にしようなどと言う。そんなことをしていると、もう救いようもなく日本人の生命が衰えてしまうと思うんです。

どうしてこんなことがわからないのか。日本人なら日本人の言葉をマスターしておいたうえで、英語を勉強するなら結構ですね。ところが、自国語をマスターしないで英語をしゃべる。これは本末転倒ではないかと思うんですね。歴史を知らないから、根本的に間違ってくるんです。

歴史と伝統の断絶

——そうですね。まさしくつい最近、いま宮司がおっしゃったように、英語を第二公用語にするなどという話がありますね。

そういう発想が出てくるんですね。あれは亡国論だと思います。歴史というと、豊臣秀吉が何をしたとか、そういう表面的な本に書かれたことだけが歴史だと思っている人がいますが、そういうことではなくて、その根底に流れる日本人のこころの移り変わりを見ないと、歴史がわからないわけです。

ですから、昔の人の真意が歴史から伝わってくるというのは本当であって、昔の人はいろいろ失敗しているわけです。こういうことをすれば失敗するんだぞということを、昔の人が教えてくれているんじゃないですか。そうしたら、それを学んでそういうことをしないようにしようと。それによって進化が出てくるわけでしょう。ところが、その歴史を否定してしまったものだから、わからなくなってしまったんです。

知恵というのは歴史から伝わると私はいつも言っておりますが、これは例えばどういうことかといいますと、戦前の日本というのは全て悪なんだという考えがあります。この悪というのは全部、過去の歴史から今度の戦争につながってきているのだから、過去の日本の歴史は悪だということで、戦後は今までの正反対が正しいことだと、軍隊をもたない、そして戦争反対ということを盛んに叫んでいるわけです。けれども、これは知識で戦争反対といっているのであって、それを知識でいくら叫んだところで、戦争を知らない若者のこころには、なかなか伝わっていかないのです。

ところが、日本の歴史を見たらそれが分かってくるわけです。というのは、例えば、日本で本当に大々的に戦争をするようになったのは源平の合戦からだと思いますが、それで平家が壇ノ浦で滅び、源氏が勝ち、源頼朝が鎌倉に幕府を作り、源氏が滅びて北条氏に代わり、また北条氏が滅びて足利氏になり、室町幕府の時代となります。で、足利氏が滅びて、それからいわゆる戦国時代といって、全国の武将が戦い始めた。そして織田信長が現れ、秀吉が現れ、そして徳川家康が出て、徳川幕府ができた。それが明治維新になり、日清日露があって、そして今度の戦争で負けて全てを失った。この歴史を見れば、戦争をして人を殺し合うということがいかに空しいことであるか分かるでしょう。人を殺して戦争に勝ったところで、そこから何も生まれてこない。そういうことを祖先たちが歴史で教えてくれているのではないですか。これが歴史から伝わる知恵、いのちなんですね。

だから原爆を受けたから戦争反対という、そういう瞬間的な知識だけの反対では子供たちには伝わりませんが、歴史を見たら、本当に人が殺し合うということがいかに空しいことで、やるべきでないことかということが分かるわけです。だから歴史というものは本当の知恵を伝えているんだというのですが、この歴史を、戦後否定してしまったものだから、戦後の人たちには、いのちがないのだと言っているのです。これはほんとうのことなんです。だから、この本当の歴史を子供たちに伝えてやらなければいけないんです。

戦後は、この歴史を否定して、知識だけで戦争反対をやっているんです。今度の戦争で負けたから、戦争は反対なんだという。これでは戦争を知らない世代には通じなくなってしまうでしょう。知識だけでやると、同じことを繰り返してしまうのです。いま日本は経済大国と言われていますが、これは軍事大国が経済大国に代わっただけのことです。昔と同じことです。昔と同じ失敗を繰り返しているわけです。これは知恵がないからです。せっかく、これだけ日本が負けてすべてを失ったという、先輩たちがそういう経験をしたんだから、これを自分のプラスにしなければいけないんです。それを単に、悪だ、反対だ、ではダメだろうと思います。

今現在やっていることは、これは戦争中に軍部がやっていたことと全く同じことです。どういうことかといいますと、今の人は知らないでしょうが、戦争中に戦争反対なんて言ってごらんなさい。すぐに憲兵にとっつかまって、牢獄に入れられたんです。戦争賛成という以外の言論を全て否定して、言論を統制したのです。今は、それと同じことをやっているんです。つまり、戦前は悪だという考え、これ以外は許されないんです。今の世の中は軍部がやった言論統制と同じことをやっているわけです。それに気がついていない。

日本ほど言論の自由がない国というのも珍しい。それは日本に相応しく憲法を変えると言っただけで内閣総辞職となる。そんな馬鹿な国は世界中どこにもありません。総理大臣が「神の国」と言ったら憲法違反だという。そんなべらぼうな話がどこにありますか。戦前のことはすべて悪で、これ以外の考えは認めないという。これは軍部が戦争反対を認めないのと同じことですね。アメリカのクリントン大統領が以前のことを言ったらクビになるんですか。そんなことはありませんね。今、日本では憲法改正と言っただけで悪です。神の国と言ったら戦争になる。そんな馬鹿な話はありません。憲法を改正したら日本は戦争をするんですか。これは知識だけで教えるからです。戦争で負けたと、それを知識だけで教えようとするからです。

そうではなくて、何度でも申しますが、今までの長い日本の歴史を見れば、戦争で人を殺し合うことがいかに空しいことか、祖先は教えてくれているではないですか。それを否定しているんですね。私は戦争を体験しているから、戦争という名前を聞くだけでも嫌です。これを戦後の人は、知識だけで理解しようとするから、平和のために戦おうなんていうことが出てくるのです。平和は戦ってかちとるものではありません。全く戦後の日本の国は狂ってしまっているんですね。

生きる知恵を失った日本人

——歴史の否定、つまりいのちの断絶ということで考えますと、親子のあり方とか、そういう基本的なところも、やはりずいぶん違ってきていますね。

そうですね。親子の断絶とか、そういうことがさかんに言われていますが、これはすべていのちが伝わっていない証拠でしょう。いのちが伝わっていないから続かないんですね。何度も言うように、いのちというのは歴史と伝統からしか伝わらないんですから、歴史や伝統を伝えなければ、親のいのちが子に伝わらないんです。そうすると、そんなことを言っても、子供は飯を食って元気に生きているではないかと言う親御さんがいらっしゃいますが、いくら元気に生きていてもいのちが伝わっていない。日本人のいのちが伝わっていないんですね。そうしたら滅びるだけだと叫んでいるんですが、それがわからないんですね。

戦後の日本人は日本の歴史と伝統を否定し、全てのことを知識で判断しようとするようになり、しかもアメリカ一辺倒でなにごともアメリカが正しく優れていて、そのアメリカと日本が違うと、日本は間違っている、非科学的である、劣っているなどと考えるようになり、子供の教育は、ただ知識だけを与える教育になってしまいました。私は、この戦後の大きな間違いの一つは、知識と知恵を混同していることだと考えています。勉強して知識を増やせば人間が生きる知恵が出てくると思っている人は多いのですが、いかに知識を勉強しても、知恵は絶対に現れてきません。なぜなら知恵というものは理屈ではないからです。

知恵というのは、いってみれば理屈のない道徳のようなものです。最近の若者の中には、まったく人間としてのモラル（道徳）を持たない人がたくさんおります。このモラルが知恵というものです。この地球上には色々な動物がおります。犬、猫、ネズミ、馬、羊、牛などなど。いろいろおりますが、それぞれの動物は当たり前のことですが、それぞれの特色を持っているわけです。犬は犬の特色を持っておりますが、犬からその特色を取り除いてしまったらもう犬ではなく、わけの分からない生物になってしまいます。これと同じで、人間は他の動物とは違う特色を持っているから人間なのです。この人間の特色を消してしまったら、人間でなくなるということを、現代の日本人は分かっていないようです。

戦後、全てのことが唯物的な考えで教育されているため、人間の特色というと、人体の構造を思い浮かべる人が多くなりました。人間の体は他の動物に比べ、このように構造、仕組みが違う、これが人間の特色であるとほとんどの人が言いますが、私はそのような肉体的な違いではなく、動物といちばん異なる人間の特色は、人間として持っている最低限のモラル（道徳）にあると思うのです。この人間としての最低限の特色がなくなれば、もう人間ではないのではないか。ですから日本人の若者がモラルを持っていないということは当然、人間ではないということになります。また民族によってそれぞれいのちが違いますから、日本人は日本人の特色であるモラル、知恵をもってはじめて日本人ということになるのです。この日本人の知恵、モラルがなくなれば、日本人でなくなるということになります。

——日本の若者はもう日本人ではないのかもしれませんね。

今言ったように、戦後はアメリカの影響を受けて、何ごとも知識、唯物的な考えになり、人間とは何かというと、すぐ生物学的な分類を行います。つまり、人間は猿科に属し、猿科の霊長類である、というようなことを学者は言いますが、そうすると人間と猿は同じものであり、猿よりも知識を多く持ったのが人間だということになります。

よくテレビで、チンパンジーにいろいろなことを教え、ある計算ができたとか、こういうことができるようになったというニュースがありますが、人間の知識が多いということはその延長に過ぎません。このように、人間が猿から進化したものという考えは、何でもないようですが、ひいては人間は猿と同じことだという考えを持つようになります。猿が猿を殺しても別に罪にも何もなりません。これと同じく、人間が人間を殺しても何の罪にもならないという考えが子供に現れてきても、不思議でも何でもないということになります。唯物的な教育が、いかに子供に間違った知識を与えるかということに、現代の人は気づいていません。人間と他の動物たちとの決定的な違いは、人体の構造の違いではなく、人間としてのモラルを持っているかどうかということなのです。

――たしかにそうですね。それにしても本当に最近の若者の事件は……。

人を殺してはいけないということは、人間として最低限のモラルです。それではなぜ人を殺してはいけないのか。これを知識で説明することはできません。もし知識で説明すれば、人を殺せば裁判になり、死刑もしくは重い罪になるので殺してはいけないというような、とんでもない解釈になりますから、この理屈で説明すれば、人を殺してもその証拠が見つからなければ悪いことではないということになります。殺人が悪いというのは理屈以前の人のいのち、生きるための知恵なのです。

また、親を敬い感謝するということも、これまた理屈ではなく、人間のモラルです。これを理屈で説明すると、今まで親に育ててもらったのだから、その恩に対して感謝しなさいという説明となり、そうすると自分は親に育ててもらっていないから感謝しなくてもいいという理屈になってきます。戦後は、何でも理屈で説明しようとするから全てが間違ってきてしまったのです。そうではなく、理屈のない世界に、神の真実の知恵が存在するのです。

日本人は昔から、神の恵みと祖先の恩のおかげで生かされていることに感謝する生活をずっとしてきたと言いますと、若者の多くはアメリカ人と同じ考えで、生かされているというのは非科学的だ、人間は自分で生きているんだと言います。しかしそうではなく、生かされているというのが正しいのです。理屈でないと最近の人は納得しませんが、生かされているというところに、真実の姿、生き方があるのです。

「道」について

――なるほど。生かされていることに目覚めることが大切なのですね。ところで、日本人の生き方といえば、「道」ということがございますね。

日本人には、剣道とか、柔道とか、あるいは茶道とか、華道とか、道というすばらしい考え方があるんですね。これは祭りに通じるんですが、あらゆることを通して神の本来の美を学ぼうというのが、道という考え方だと思うんです。

ですから、例えば剣というのは人を殺す武器だけれども、その武器を通じても、人間本来の生き方というか、神の姿をそこに見出すことができるという、すばらしい日本人の考え方があります。そのために現在、国宝・重文に指定されているすばらしい日本刀がたくさん存在するのです。そうした「道」というものの中で、オリンピックの正式種目になっているものに柔道がありますが、私は、この柔道が今のままではいずれ遠からず滅びると思うんです。

――それはいったいどういうことでしょうか。

それは柔道がただの格闘競技になってしまったからです。日本人の武道というのは、勝ち敗けにこだわらないで、柔道なら柔道をやる姿によって、神の姿を現そうとすることだと思うんですね。

そして武道のすばらしさというのは、いや、武道だけではないんですが、道はすべて「静」と「美」なんです。この「静」と「美」が基本になっているんです。だから、勝ったからといって、大きな表現をするということは決してしなかった。いまのように勝ったらガッツポーズをするとか叫ぶとか、そういうことは本来の日本の道にはないんです。

そしていまは力で敵を負かすということが当たり前になっていますが、柔道の醍醐味というのは、小さい者が大きい者と互角に渡り合う。柔よく剛を制すということでしょう。これが本来の道なんです。いまはウエート制になってしまっていますが、これではまったく本来の「道」から、はずれてしまっているのではないかと思います。

書道でもそうです。いまは書というテクニックをマスターすることによって、字をうまく書こうとしているでしょう。これは間違っていると思うんですね。神さまのこころを、音で耳から知るというのが言葉なんですが、その神さまのこころを目で見えるように表わそうというのが書だと思うんです。だから書というのは理屈ではなくて、神のこころを形で表す。それが書道だと思います。

「神」の字の書――私が揮毫するようになるまで

――宮司は「神」という字をはじめいろいろとご揮毫されていらっしゃいますが、長年の書道のご精進があるとうかがっております。

自分のことでお恥ずかしいのですが、私は小学校のときから本当に字が下手だったんです（笑）。人が信じられないほどの下手だったんですね。そして字が下手でいちばん困るのは、試験なんです。答案を書いても、はたして先生が読んでくれるのか（笑）。本当の話なんです。ところが、私が習った学習院はありがたいことに、小学校からずっと同じ先生がいるでしょう。中学でも同じ先生が教えてくれる。私の字を先生が知ってくれているから、それで読んでくれて、私は上に行けたんです（笑）。

それよりもいちばん困ったのは大学受験です。答案が書けるか書けないかという問題ではなくて、先生が読んでくれるかどうかということを、本当に心配しました。それでも何とか大学に入って、最初に大学病院の外科の教室に入ったんです。ところが、カルテが書けない。

――書いても読めないというわけですか（笑）。

ええ、誰も読めないんです（笑）。その次に形成外科の織田病院という日本でいちばん形成手術のうまい先生のところへ行ったんですが、そのときは、いつも話しているように、すごい先生で、まず頭の切り替えということで、外国の本を読まされる。その当時は日本語の形成外科の本がなかったのです。そして毎日大学ノートに読んだことをレポートにして書いてこいと言うんですね。ノートを書いて見せると、「これでも大学を出ているのか。ばかやろう」とノートが宙を飛ぶ。訳すのも下手だけれども、字もなっとらん（笑）。これが医学博士の字かというわけです。僕はその屈辱に耐えたんです（笑）。

――はじめてうかがいました（笑）。

でも、先生に手術を習いたいという気持ちがあるから、先生から怒鳴られてもそうこたえなかったんです。それで私は耐えることができたわけです（笑）。ただ、それほど字が下手だったんですね。

結婚するときも、まず字のうまい女性というのが条件でした（笑）。そうすると、足して二で割っても、まあまあ字が書ける子供が生まれる（笑）。家内は字が上手ですから、結婚してから僕は手紙というのは書いたことがないんです（笑）。

――奥様が全部なさるわけですね。

ええ、ほとんど代筆です。年賀状なんて書かない。問題はカルテですね。それから診断書ですね。家内にはずいぶん世話になりました(笑)。

あまりにも下手だから、うちへ来ている人が見かねて、自分のおばさんが先生だから、一度、書道塾で書を習ってみてはどうかといってくださり、それではということで、家内と一緒にその書道塾へ行ったんです。そうしたら、その書道の先生のところへ来ている人というのはレベルが高いんです。みんな字を書ける人が来ている。そして、一人ずつ作品を出して、何段とか、何級というのをもらっている。

家内は一発で何段ということになったんですが、とてもじゃないけど僕だけは書を出すところまで到達しない。そこでその先生が僕だけ特別教育で、基本だけを教えましょうということで、墨のすり方から、線の引き方から教えてくれたんです。その時、墨のすり方によって字が違ってくるということをはじめて知りました。

そういう基本を十分に習って、あなたはいろいろ書くというのはダメだから、一字だけ書けるようにしましょう。あなたは将来、色紙に字を書かなければならない運命にあるでしょう。そのときに、いろいろな字は書けなくてもいいから、頼まれたらこの字だけ書くという字を書きましょう。何でもいいから言ってください。そのお手本を書いてあげるからと言われて、僕が「神」という字を書きたいと言ったら、「神」という字のお手本を書いてくれました。

それから「神」の一字しか書かない。もう二十年近く前になりますが、「神」の一字だけを書き続けたわけです。最初は、新聞とか何かで練習していましたが、そういうのはダメだからということで、本物の色紙を買ってきて一生懸命書きました。色紙を山ほど買うから、近くの文房具屋で僕は上得意になってしまいました（笑）。

枚岡《ひらおか》神社の宮司のときも、書を書いてくれという申し出がたくさんあったんです。でも私は、一字も書いていない。神社というのは色紙だけじゃなく、いろんなもの、例えば御《ご》神木《しんぼく》に字を書かなければならないとか、そういうこともあるんです。とにかく最初は「宮司さんに書いてもらわなければ」と言うんですが、実際に私の字を見ると、みんななにも言わなくなってしまう（笑）。それからは総代がみんな代わりに書いてくれるようになりました（笑）。

ところが、春日大社に来てから、ある方に大変お世話になった。その人から、書を所望されたんです。それまでは断っていたんですが、その人には世話になったから、この人のためにはどうしても書かなければいけないと思い、はじめて「神」という字を、差し上げるために練習しはじめました。そうしたら、女房が恥ずかしいからやめてくれと言うんです（笑）。

やめてくれといっても、向こうが書いてくれと言うんだからしようがない。それで「神」という字を上手に書こうということを止めて、字はこころを形で表わしたものだから、潔斎して体を清め、自分が神に近づいて、そのこころを書こうと思ったのです。そして無我になって、「神」という字を書いたのです。そうしたら大変に悦ばれ、私の字を掛け軸として立派に表装し、大切にしてくださっています。それからなんです、字というものはこころだということを実感し、少しずつ自信が持てるようになったのは。

その後、ご祈禱所の正面に、神さまの依代《よりしろ》とするため、御神木の松の大きな板に「神」を書いて欲しいと神職から頼まれ、書くことになりました。このときも、家内にやめてくれと言われたんですが（笑）、書道というのはテクニックではない。こころを書で表現するのが書道である。だから私は自分から神に近づき、そのこころを表現しようとすれば書けるだろうということで、再度、朝から潔斎して、お祓いをして、無我になって書いたんです。神の美をその字に現そうとしたわけです。

そうして書き上げた依代がすごいという評判になり、書道の先生に「はじめて書いたので見にきてください」と言ったら、わざわざその先生が来てくれて、私の書いた「神」の字の前でじっとたたずみ、私はたくさん弟子を持ってきたけれども、葉室さんがはじめてこころというものを表現してくれたと、泣いて喜んでくださいました。

これは昔の、中国の有名な書家の「神」の字とまったく同じだということで、すごいと評判になったわけです。それから少しずつ自信を持って、いろいろなところで「神」の字を書くようになったわけです。

そうしたら、その「神」の字が書けるようになったとたんに、練習もしないのに他の字も書けるようになりました。だから私は、書道というのはテクニックではないと思うんですね。こころだと思います。

こうした私の体験から、字が下手でもくよくよすることはない。どんな人でも練習して続ければものになる。たくさんの字を書かないで、一つ自分のこころを表現できる字を何年でも書きなさい。そうすれば、必ずものになる。そういうことを今の子供たちに伝えたいんです。テクニックでうまいとか下手ということで書いた字は、人間の我欲で書いていますから、神に通じない。そうではなくて、無我になって神に近づくというか、そういう気持ちで書けば本当の字が書けると思うんです。

——繰り返しの修錬ということでしょうか。

そういうことですね。繰り返しです。続けることです。続けたところにいのちがある。いのちは続くんですから。これが本当です。そして、何でも長い間続けると、そこにいのちが現れてくるというのは、本当だと思いますね。

表在意識と潜在意識

——宮司はよく意識と無意識ということをおっしゃいますが、そういうこととつながってくるのでしょうか。

そうですね。医学的には表在意識と潜在意識というんですが、我々の生活というのは、九十何パーセントは潜在意識で生かされているんですね。自分の意識というのはわずかしかないんです。

たとえば、いつも言っているように、朝、目覚ましが鳴って、もう時間だから起きようかというのは、表在意識です。しかし、ベッドから起き上がる動きは全部、潜在意識です。これを表在意識でやったら絶対に起き上がれません。起き上がろうと思って、どこの筋肉を縮めて、どこの筋肉を伸ばして、どこの神経を使ってと考えていたら、起き上がることもできません。こういうのは、無意識に行われるわけですね。そうすると、起き上がってトイレまで歩くことができる。歩くというのも全部無意識でやっているんですね。潜在意識でやっているわけです。だから我々は潜在意識で生かされているというんです。

これは何かというと、本能の記憶というのは、脳細胞の遺伝子のなかに入っているわけでしょう。それを活用して我々は生きている。これは祖先からの知恵です。生きるための知恵が脳のなかに入っているわけです。だから、いのちによって生かされているといっているのは本当であって、この知恵によって我々は九十何パーセントまで生かされているわけです。

ですから、前にもボケの話をしましたが、脳細胞の何十億という細胞のほとんどがこの作用をしているんです。人間の知識の部分というのはほんの三パーセントか五パーセントぐらいであって、それ以外のほとんど九十何パーセントは、祖先から伝わった潜在意識の記憶を働かせることによって我々は生かされているということでしょう。この脳細胞がどうやって働くのかというと、それは自然のテレパシーを受けることによって、その知恵の細胞が働くのです。自然からの波動を受けないと脳細胞は働かない。だから知識だけでやっていると、どんなに知識が豊富になっても、脳細胞のわずか五パーセントしか働いていない。そして九〇何パーセントは働いていないから、そうするといわゆるアポトーシスということで、脳細胞が消えてしまうんですね。

つまり今の人は、表在意識で全部生きていると思うから間違うのであって、それはほんのわずかの三パーセントぐらいの脳細胞に過ぎないということなんですね。本当は、いのちによって生かされている。これは当たり前のことなんです。脳の大半に祖先から伝わる記憶、知恵が入っているのです。

心臓を動かすのも、胃で消化するのも、腸が動いているのも、肺で呼吸しているのも、みんな潜在意識の記憶でやっているんでしょう。自分で心臓を動かそうとか、心臓を止るなんてことはできない。でも、心臓は勝手に動くわけです。これはみんなすべて祖先から伝わっている知恵ですね。知恵によって動かされているわけでしょう。それを自分でやると思うところに、とんでもない大きな間違いがあるんですね。

医学そのものがそうなんです。医学そのものが、自分の表在意識で知恵をどうこうしようとするから間違ってくるんですね。そうではなくて、祖先から伝わってきた知恵を最大限に発揮させるということが、健康の根本です。これが九十何パーセントなんですからね。これを無視しておいて、わずか三パーセントのところの表在意識で健康になろうなんていうのは、とんでもない思い違いだと思います。

我欲のこころを捨てる

——そういうことがわかれば、おのずと感謝していくしかないということになりますね。

ええ、そうですね。しかしどうやったら神の知恵というか、祖先の知恵を受けられるか。そういうことを考えることがもう我欲なんです。とてつもないことですが、そういうことはいっさい考えない。理屈を言わないで、生かされることに感謝する。そうすることによって、はじめて頼まなくても知恵が働いてくれる。こういう仕組みになっているわけです。

とにかく、どうやったら祖先が入ってくるかとか、何をやったら神が見られるかとか、こう考えること自体がもうすでにダメなんですね。そうではなくて、自分のほうの我欲をなくすということが先でしょう。それがまた祓いに通じているわけです。だから、すべて自分の我欲をなくすということなんですね。

――宮司がよくおっしゃる、信じることとわかることとの違いにも関連してくることですね。

ええ。わかるというのは、頭でわかるということとは違うんですね。それは認めるということと相通じるんです。こちらの我欲をなくして、神と同じものを持つということなんです。それがわかるということなんですね。それをいまの人は、理屈でやってわかったと思う。それでは本当にわかったことにはならないんですね。

人間の体というのは、自分の我欲をなくし、ありのままを受け入れることで、はじめて理解できるというシステムになっているんです。それは外に求めるのではなく、自分を変えることによって本当のことに近づいていくんです。これに気付かなければいけない。いまの人は外を変えようとしている。そうではなくて、自分を変える。自分を変えて無我に近づく。これがものごとを理解する第一歩で、ここからすべてのことに通じていくんですね。

ですから、理屈によって外をどうこうしようという考えは、もう捨てなさいと言っているんです。そうすると、科学とか知識とか学問を捨てたらどうなるんですかと言う人がいますが、理屈を言う前に一度捨ててみてごらんなさい。そうしたらわかるんです。捨てもしないで、理屈を言わないことです。だから、理屈を言わないで捨てた人が幸せをつかむんですね。

――理屈を捨てて、我欲をなくすということですね。

真実の日本人とは

私の本を読んで、いろいろな悩みの相談に来られる方がいらっしゃいます。特にガン末期の方の相談がよくあります。病院で、ガンが進行しているために手術もできず抗ガン剤でしか治りようがないといわれ、どうしたらいいのかという相談が多いのです。その時私は、ガンになったらみんな死ぬと思っているが、なぜガンになったら死ぬのですか。と質問すると、みんな呆気にとられたような顔をします。たいていの人は、ガンになったらなぜ死ぬのかと言うことを知らないで、ガンになったら死ぬと思い込んでいるのです。これではオウムのマインドコントロールとおなじことです。

我々は新陳代謝によって、古い細胞が新しい細胞に祖先からの遺伝子を伝え、生まれ変わることによって生きていますが、ガン細胞は遺伝子を正しく新しい細胞に伝えずに勝手に分裂しているんです。すなわち、祖先からのいのちを伝えないから、人間は死んでいくのだとお話していいます。ですから、毎日祖先に感謝する生活をしてくださいと言っているのです。

このようなことを医者である私が話しをすると、何か非科学的なことを言う医者だと思う人がいますが、これは真実のことです。この話しによって、ガンに対する考えが百八十度変わり、実際に元気になる方もおおぜいいらっしゃいます。病気もやはり真実の人体の仕組みを知らないと本当の回復はないと思うのです。

だから何でも科学的だとか非科学的だと言って区別しようとするけれども、これは自分で自分の首を締めているのであって、こういうこと自体が非科学的なんですね。大切なのは科学とは何ぞやということです。本当の科学というのは、この宇宙の仕組みがどのようにできているかということを知ることです。それが科学であり、人体がどのような仕組みでできているかを知ることが本当の医学なんです。それを、祖先に感謝などというと非科学的だと言うでしょう。けれどこれはまことに本末転倒で、そこで大きな間違いが生じているのではないかと思います。

——うかがっていると、それは病人だけのことではないですね。

そうですね。昨日も本を読んでいたんですが、結局、自分の病気、不幸を人のせいにする。これがそもそも不幸の原因であるとありましたが、これは本当だと思うんですね。すべてそうやって人のせいにするために、そこに悩みが出てくる。だから、百パーセント順応していたら、この世の中には悩みというのは存在しない。そう書いていましたが、いいことを言っているなと思いました。

すべて神さまのお導きだと考えて順応していたら、何が起ころうと悩みというのは出てこない。自分の我欲と反するから、そこに悩みというのは出てくる。病気になろうと、破産しようと、何しようと、これに順応していこうとしたら、そこに悩みというのは存在しない。そう書いていましたが、僕もまったくそのとおりだと思うんです。

――そういうことが人生の目的でもあると。

そういうことですね。そうすると神さまが現れる。そのために何度も生まれ変わってきているわけです。この人生で苦しんで、死んだら解放されるかというと、そうはいかないんです。ここで悟らなかったら、もう一度またおいでということで、もう一度やるわけです。受験勉強と同じで、落第したらまた来年おいでということなんです。同じことです。死んだら解放されるかといったら、そんなふうにはできていません。また生まれてくるわけです。もう二度と生まれたくなかったら、この世で悟りなさいということです。

――まさしくそういうことを体現していくのが、本当に生きるということでしょうか。

そうなんですね。その本当の人間の生き方をやっているのが日本人で、これが真実の日本人なんですね。外国の真似をするのが日本人ではないのです。いまはそれと逆のことをやっているんですね。外国の真似をすることが本当の生き方だと思っているところに間違いがあるわけです。間違ってはいけません。日本人というのは、本当にすばらしい民族なんです。

昔から日本は神国だと言われていました。そうすると、天皇を神とあがめるなんてとんでもない。日本の国は神国だといって負けたんだと言う人がいますが、これもとんでもない思い違いです。日本は本当に神国だと私は思う。神さまが、本当の人間の生き方をさせる日本人というものを、日本列島に誕生させたんです。だから、日本こそ本当の神国だと私は信じているのです。

著者略歴

昭和２年　東京に生まれる
昭和28年　学習院初・中・高等科をへて、大阪大学医学部卒業
昭和30年　大阪大学医学部助手
昭和33年　医学博士
昭和38年　大阪市大野外科病院長
昭和43年　葉室形成外科病院を開業
昭和57年　大阪国学院通信教育部入学
平成３年　神職階位・明階を取得
平成４年　枚岡神社宮司
平成６年　春日大社宮司
平成11年　階位・浄階、神職身分一級を授けらる
著　書　『〈神道〉のこころ』『神道と日本人』
『神道　見えないものの力』
『神道　感謝のこころ』（春秋社）

神道〈いのち〉を伝える

二〇〇〇年十月三十一日　第一刷発行

著　者　葉室頼昭
発行者　神田　明
発行所　株式会社春秋社
東京都千代田区外神田二―一八―六（〒一〇一―〇〇二一）
電話〇三―三二五五―九六一一　振替〇〇一八〇―六―二四八六一
http://www.shunjusha.co.jp/
印刷所　萩原印刷株式会社
製本所　寿製本株式会社
写　真　宝田　昇
装　丁　本田　進
定価はカバー等に表示してあります

 ISBN 4-393-29914-0

葉室頼昭

〈神道〉のこころ

春日大社の宮司が語る、神道と日本人のこころ。異色の宮司が混迷のうちにある我々に、生きる指針を示し、〈自然〉からのメッセージを贈る注目と感動のインタビュー集。

一八〇〇円

葉室頼昭

神道と日本人

不安と混迷の「滅びの時代」に、人はどう生きたらよいか。古来からの真実の生き方に目覚めることの大切さを説きつつ、〈神道〉と日本人のかかわりを語る注目の警世の書。

一八〇〇円

葉室頼昭

神道　見えないものの力

神道のこころに目覚め、生きることの大切さを説く著者が、いま〈見えないものの真実の力〉を、すべての日本人に縦横自在に語り伝える、刮目の人生の書。

一八〇〇円

葉室頼昭

神道　感謝のこころ

素晴しい日本人の〈こころ〉に目覚めるための、生きるヒントが満載。どこからでも気軽に読めて、心にしみる感動の読み切り、54話。「本当の人生」を語る珠玉のエッセイ。

一二〇〇円

価格は本体価格。消費税分は含まれておりません。